O Caibalion

Um estudo da filosofia hermética
do Egito Antigo e da Grécia
escrito pelos Três Iniciados.

"Os lábios da Sabedoria
estão fechados, exceto para os
ouvidos do Entendimento."

AJNA

Para
HERMES TRISMEGISTO
Conhecido pelos antigos egípcios
como "O TRÊS VEZES GRANDE"
e "O MESTRE DOS MESTRES".
Este pequeno volume
de ensinamentos herméticos
é dedicado a ele, com reverência.

Introdução   9

I.   A Filosofia Hermética   19
II.   Os Sete Princípios Herméticos   29
III.   Transmutação Mental   47
IV.   O Todo   57
V.   O Universo Mental   69
VI.   O Paradoxo Divino   81
VII.   "O Todo" em Tudo   99
VIII.   Os Planos de Correspondência   115
IX.   Vibração   137
X.   Polaridade   149
XI.   Ritmo   161
XII.   Causalidade   173
XIII.   Gênero   185
XIV.   Gênero Mental   195
XV.   Axiomas Herméticos   213

Introdução

Para nós é um grande prazer apresentar aos estudantes e aos pesquisadores das Doutrinas Secretas este pequeno trabalho baseado nos antigos Ensinamentos Herméticos. Tem havido tão poucos escritos sobre este assunto, embora as incontáveis referências aos Ensinamentos nas muitas obras sobre o ocultismo, que, sem dúvida, os muitos pesquisadores fervorosos das Verdades Arcanas darão boas-vindas à apresentação do presente volume.

O objetivo deste trabalho não é anunciar qualquer filosofia ou doutrina especial, mas sim dar aos alunos uma declaração da Verdade que servirá para reconciliar os muitos fragmentos do conhecimento oculto que eles podem ter adquirido, mas que são aparentemente opostos entre si, e que, muitas vezes, servem para desencorajar e desagradar o discípulo iniciante no estudo. Nossa intenção não é construir um novo Templo do Conhecimento, mas sim colocar nas mãos do aluno uma Chave Mestra, com a qual ele possa abrir as muitas portas internas do Templo do Mistério, através dos principais portais pelos quais ele provavelmente já tenha entrado.

Não há nenhuma parte dos ensinamentos ocultos que o mundo detém que tenha sido tão bem guardada como foram os fragmentos dos Ensinamentos Herméticos, que chegaram até nós ao longo das dezenas de séculos que passaram, desde a vida do seu grande fundador, Hermes Trismegisto, o "Escriba dos Deuses", que viveu no Antigo Egito, nos dias em que a atual raça dos homens estava ainda na sua infância. Contemporâneo de Abraão e, se as lendas forem verdadeiras, instrutor daquele venerável sábio, Hermes foi, e é, o Grande Sol Central do Ocultismo, cujos raios serviram para iluminar os incontáveis ensinamentos que foram difundidos desde o seu tempo. Todos os ensinamentos fundamentais e básicos incorporados nos ensinamentos esotéricos de todas as raças podem ser rastreados até chegarmos a Hermes. Mesmo os ensinamentos mais antigos da Índia, sem dúvida, têm suas raízes nos ensinamentos herméticos originais.

Da terra do Rio Ganges, muitos sábios ocultistas vagaram para as terras do Egito e sentaram-se aos pés do Mestre. Dele, eles obtiveram a Chave Mestra que explicava e reconciliava seus pontos de vista divergentes e, assim, a Doutrina Secreta foi firmemente estabelecida. De outras terras também vieram outros eruditos, e todos consideravam Hermes o Mestre dos Mestres, e sua influência foi tão grande que, apesar das muitas andanças pelo caminho, por séculos, de professores nessas diferentes terras, ali ainda pode ser encontrada certa semelhança e correspondência nas entrelinhas das divergentes teorias trazidas e ensinadas pelos ocultistas dessas diferentes regiões. O estudante de Religiões Comparadas poderá perceber a influência dos Ensinamentos Herméticos em toda religião digna desse nome, hoje conhecida pelo homem, seja esta uma religião morta ou em pleno vigor em nossos tempos. Há sempre certa correspondência entre elas, apesar das características contraditórias e herméticas. Os ensinamentos agem como o Grande Reconciliador.

A obra de Hermes parece ter seguido no sentido de plantar a grande Semente da Verdade, que cresceu e floresceu em muitas formas estranhas, no lugar de estabelecer uma escola de filosofia que dominaria o pensamento do mundo. No entanto, as verdades originais ensinadas por ele foram mantidas intactas em sua pureza original por alguns homens em épocas diferentes, que recusaram um grande número de alunos e seguidores não preparados, que seguiram o costume hermético e reservaram a sua verdade para alguns poucos que estavam prontos para compreendê-la e dominá-la. Por meio da oralidade, a verdade foi transmitida a poucos. Sempre houve Iniciados em cada geração, nas várias regiões da Terra, que mantiveram viva a chama sagrada dos Ensinamentos Herméticos e sempre estiveram dispostos a usar a divulgação desses ensinamentos para reacender as lâmpadas menores do mundo exterior, quando a luz da verdade foi obscurecida e se turvou por causa da negligência, e a chama foi obstruída por uma matéria estranha. Sempre houve pessoas para cuidar fielmente do altar da Verdade, sobre o qual era mantida a luz da Chama Perpétua da Sabedoria. Esses homens devotaram suas vidas ao trabalho de amor que o poeta tão bem cantou em seus versos:

"Oh, não deixem a chama se apagar! Protegida, era após era, em sua caverna escura – em seus templos sagrados e amados. Ela sempre foi alimentada pelos ministros puros do amor – não deixem a chama se apagar!"

Esses homens nunca buscaram a aprovação popular, nem um grande número de seguidores. Eles são indiferentes a essas coisas, pois sabem quão poucos seres existem em cada geração que estão prontos para a verdade, ou que a reconheceriam se ela fosse apresentada a eles. Eles reservam o "sustento para os homens", enquanto outros fornecem o "leite para os bebês". Eles reservam suas pérolas de sabedoria para uns poucos eleitos, que reconhecem o seu valor e as usam em suas coroas, em vez de jogá-las aos porcos vulgares e materialistas, que as pisoteariam na lama e as misturariam com o seu repugnante alimento mental. Mas, ainda assim, esses homens nunca esqueceram ou negligenciaram os ensinamentos originais de Hermes, a respeito da transmissão das palavras da verdade para aqueles que estavam prontos para recebê-la, ensinamento esse que é declarado em *O Caibalion* da seguinte maneira: "Onde estão marcados os passos do Mestre, os ouvidos daqueles que estão prontos para o seu Ensinamento ficam bem abertos". E ainda: "Quando os ouvidos do estudante estão prontos para ouvir, então vêm os lábios para enchê-los de Sabedoria". Mas sua atitude costumeira sempre esteve estritamente de acordo com o outro aforismo hermético, também presente em *O*

Caibalion: "Os lábios da Sabedoria estão fechados, exceto para os ouvidos do Entendimento".

Há quem tenha criticado esta atitude dos Hermetistas, e que tenha afirmado que eles não manifestaram uma atitude adequada em sua política de reclusão e de reticência. Mas um relance momentâneo nas páginas da história mostrará a sabedoria dos Mestres, que conheciam a loucura de tentar ensinar ao mundo aquilo para o qual o mundo ainda não estava pronto, nem desejava aprender. Os hermetistas nunca procuraram ser mártires e, em vez disso, sentaram-se em silêncio, com um sorriso compassivo em seus lábios fechados, enquanto os "pagãos se enfureciam ruidosamente sobre os mártires", em sua costumeira diversão de matar e torturar os entusiastas honestos, mas equivocados, que imaginaram poder impor a uma raça de bárbaros a verdade capaz de ser compreendida apenas pelos eleitos que haviam avançado ao longo do Caminho.

E esse espírito de perseguição ainda não se extinguiu na Terra. Existem certos Ensinamentos Herméticos que, se publicamente divulgados, trariam sobre a cabeça dos mestres uma grande onda de gritos, de desprezo e de injúrias da multidão, que novamente levantaria o grito: "Crucifiquem-nos! Crucifiquem-nos!".

Neste pequeno trabalho, nos esforçamos para dar a você uma ideia dos ensinamentos fundamentais de *O Caibalion*, e nos esforçamos para apresentar os Princípios do trabalho, deixando que você mesmo os aplique, em vez de tentar desenvolver esse ensinamento em detalhes. Se você é um estudante verdadeiro e sincero, será capaz de trabalhar e aplicar esses Princípios – se não, então você deve fazer um esforço para se tornar um; caso contrário, os Ensinamentos Herméticos serão somente "palavras soltas ao vento" para você.

OS TRÊS INICIADOS

1

A Filosofia Hermética

*"Os lábios da Sabedoria estão
fechados, exceto para os
ouvidos do Entendimento."*

O CAIBALION

Do Egito Antigo vieram os ensinamentos esotéricos e ocultos fundamentais que influenciaram fortemente as filosofias de todas as raças, nações e povos, por vários milhares de anos. O Egito, o lar das Pirâmides e da Esfinge, foi o local de nascimento da Sabedoria Oculta e dos Ensinamentos Místicos. Todas as nações tomaram emprestados ensinamentos da sua Doutrina Secreta. Índia, Pérsia, Caldeia, Média, China, Japão, Assíria, Grécia e Roma antigas, além de outros povos, participaram livremente do festival de conhecimento que os Hierofantes e os Mestres da Terra de Ísis forneceram gratuitamente para aqueles que vieram preparados para se aproveitar da grande quantidade de Conhecimento Místico e Oculto que os mentores daquela terra antiga conseguiram reunir.

No Antigo Egito viveram os grandes Adeptos e Mestres que nunca foram superados, e que raramente foram igualados, durante os séculos que transcorreram da sua ascensão, desde os tempos do Grande Hermes. No Egito, estava localizada a Grande Loja dos Místicos. Pelas portas dos seus Templos entraram os Neófitos que depois, como Hierofantes, Adeptos e Mestres, viajaram para os quatro cantos do mundo, levando consigo o conhecimento precioso em que foram formados e que estavam ansiosos e dispostos a transmitir para aqueles preparados para recebê-lo. Todos os estudantes do ocultismo reconhecem a dívida que eles têm para com os veneráveis Mestres daquela antiga terra.

Mas, entre esses grandes Mestres do Antigo Egito, viveu um que os demais Mestres aclamavam como "O Mestre dos Mestres". Este homem, se realmente era um "homem", morou no Egito em seus primórdios. Ele era conhecido como Hermes Trismegisto. Ele foi o Pai da Sabedoria Oculta; o fundador da Astrologia; o descobridor da Alquimia. Os detalhes da história de sua vida se perderam nos tempos, com o passar dos anos, embora vários dos países antigos disputassem entre si, em suas reivindicações, a honra de ter sido em suas terras o seu local de nascimento – e isso há milhares de anos. A data exata do período em que ele ficou no Egito, na sua última encarnação neste planeta, não é agora conhecida, mas foi fixada nos primeiros dias das dinastias mais antigas do Egito – muito antes da época de Moisés. As autoridades mais confiáveis o consideram um contemporâneo do Patriarca Abraão, e algumas das tradições judaicas vão muito mais longe, a ponto de afirmar que Abraão adquiriu uma parte do seu conhecimento místico do próprio Hermes.

Com o passar dos anos, após a sua passagem por este plano da vida (a tradição registra que ele viveu trezentos anos na matéria), os egípcios deificaram Hermes e fizeram dele um de seus deuses, sob o nome de Thoth. Anos depois, o povo da Grécia Antiga também o adotou como um de seus muitos deuses – chamando-o de "Hermes, o deus da Sabedoria". Os egípcios reverenciaram sua memória por muitos séculos – sim, por dezenas de séculos – chamando-o de "o Escriba dos Deuses", e conferindo a ele, distintamente, seu antigo título, "Trismegisto", que significa "Três Vezes Grande"; "o Grande entre os Grandes"; "o Maior dos Maiores", etc. Em todas as terras antigas, Hermes Trismegisto era reverenciado, sendo seu nome um sinônimo de "Fonte da Sabedoria".

Até nossos dias, usamos o termo "hermético" no sentido de "em segredo", "selado, para que nada escape", entre outras definições, e isso acontece porque os seguidores de Hermes sempre observaram o princípio do sigilo em seus ensinamentos. Eles não acreditavam em "lançar pérolas aos porcos", mas, ao contrário, eles mantinham o ensino em segredo: "leite para os bebês; alimento para os homens fortes", máximas estas que são familiares aos leitores das escrituras cristãs, mas que foram usadas pelos egípcios séculos antes da era cristã.

Essa política de disseminação cuidadosa da verdade sempre caracterizou os hermetistas, até os dias atuais. Os Ensinamentos Herméticos podem ser encontrados em todos os países, entre todas as religiões, mas eles não são identificados com nenhum país em particular, nem com nenhuma seita religiosa em especial. Isso por causa da advertência dos antigos mestres contra permitir que a Doutrina Secreta se cristalizasse em um só credo. A sabedoria desse cuidado é evidente para todos os estudantes de história. O antigo ocultismo da Índia e da Pérsia degenerou, e foi em grande parte perdido, devido ao fato de que os mestres se tornaram sacerdotes, e assim misturaram a teologia com a filosofia, e como resultado o ocultismo da Índia e da Pérsia foi gradualmente sendo perdido em meio à massa de cultos de superstição religiosa, de credos e de "deuses". Assim foi também com a Grécia e a Roma antigas. E o mesmo ocorreu com os Ensinamentos Herméticos dos Gnósticos e dos Cristãos Primitivos, que se perderam na época de Constantino, cuja mão de ferro sufocou a filosofia com o manto da teologia, fazendo com que a Igreja Cristã perdesse aquilo que era a sua própria essência e espírito, obrigando-a a tatear durante vários séculos antes de encontrar o caminho de volta à sua antiga fé; as indicações aparentes para todos os observadores cuidadosos neste século XX são de que a Igreja está agora lutando para voltar aos seus antigos ensinamentos místicos.

Apesar de tudo, sempre houve algumas almas fiéis que mantiveram viva a Chama, que cuidaram dela com zelo e que não permitiram que a sua luz se apagasse. E, graças a esses corações firmes e essas mentes destemidas, ainda temos a verdade conosco. Mas ela não é encontrada em livros, na maioria das vezes. Ela foi transmitida de Mestre para Discípulo; de Iniciado para Hierofante; de lábios a ouvido, pela oralidade. Quando escrita, seu significado foi velado por vários termos da alquimia e da astrologia, de forma que apenas aqueles que possuíam a chave poderiam interpretá-la corretamente. Isso se fez necessário para evitar as perseguições dos teólogos da Idade Média, que lutaram contra a Doutrina Secreta com o fogo e a espada, a estaca, a forca e a cruz. Até hoje serão encontrados poucos livros confiáveis sobre a Filosofia Hermética, embora haja inúmeras referências a ela em muitos livros escritos sobre as várias fases do Ocultismo. E, ainda, a Filosofia Hermética é a única Chave Mestra que poderá abrir todas as portas dos Ensinamentos Ocultos!

Nos primeiros tempos, havia uma coletânea de certas Doutrinas Herméticas Básicas, transmitidas de professor para aluno, que era conhecida como "O CAIBALION", cujo significado exato do termo acabou sendo perdido através dos séculos. Esse ensinamento, no entanto, é conhecido por muitos, para quem ele foi transmitido, oralmente, continuamente ao longo dos séculos. Seus preceitos nunca foram escritos ou impressos, até onde sabemos. Eles eram apenas uma coleção de máximas, de axiomas e de preceitos incompreensíveis para os leigos, mas que eram prontamente compreendidos pelos estudantes, depois que esses axiomas, máximas e preceitos eram explicados e exemplificados pelos Iniciados Herméticos aos seus Neófitos. Esses ensinamentos realmente constituíram os princípios básicos da "Arte da Alquimia Hermética", que, ao contrário da crença geral, tratava do domínio das Forças Mentais, em vez dos Elementos Materiais – na verdade, trata-se da Transmutação de alguns tipos de Vibrações

Mentais em outros, e não da transformação de um tipo de metal em outro, como se imagina. As lendas da "Pedra Filosofal", que transformaria o metal comum em ouro, eram uma alegoria relativa à Filosofia Hermética, facilmente compreendida por todos os estudantes do verdadeiro Hermetismo.

Neste pequeno livro, do qual esta é a Primeira Lição, convidamos nossos alunos a examinar os Ensinamentos Herméticos, conforme estabelecido em O CAIBALION, como foi explicado por nós mesmos, humildes discípulos dos Ensinamentos, e, embora portemos o título de Iniciados, ainda somos alunos aos pés de HERMES, o Mestre. Aqui fornecemos muitas das máximas, dos axiomas e dos preceitos de O CAIBALION, acompanhados por explicações e ilustrações que consideramos suscetíveis de tornar os ensinamentos mais facilmente compreendidos pelo estudante moderno, particularmente porque o texto original é propositadamente velado por causa do uso de diversos termos obscuros.

As máximas, os axiomas e os preceitos originais de "O CAIBALION" estão transcritos aqui, entre aspas, com os devidos créditos. O trabalho que realizamos está transcrito de forma regular, no corpo do texto. Acreditamos que os muitos alunos, a quem agora oferecemos este pequeno trabalho, obterão tanto benefício do estudo de suas páginas quanto os muitos que fizeram o mesmo anteriormente, trilhando o mesmo Caminho para a Maestria ao longo dos séculos que passaram, desde os tempos de HERMES TRISMEGISTO – o Mestre dos Mestres – o Três Vezes Grande, como nas palavras de "O CAIBALION":

"Onde estão marcados os passos do Mestre, os ouvidos daqueles que estão prontos para o seu Ensinamento ficam bem abertos." – O CAIBALION

"Quando os ouvidos do estudante estão prontos para ouvir, então vêm os lábios para enchê-los de Sabedoria." – O CAIBALION

Desse modo, de acordo com os Ensinamentos, este livro será transmitido para aqueles que estão prontos para ter essa instrução; ele atrairá a atenção daqueles que estão preparados para receber o Ensinamento. E, da mesma forma, quando o aluno estiver pronto para conhecer a verdade, este pequeno livro virá às suas mãos. Essa é a lei. O Princípio Hermético de Causa e Efeito, no seu aspecto da Lei da Atração, unirá lábios e ouvidos – e o discípulo e o livro estarão em conjunto. Que assim seja!

2

Os Sete Princípios Herméticos

"Os Princípios da Verdade são Sete; aquele que os conhece, e os compreende, possui a Chave Mágica cujo toque faz com que todas as Portas do Templo se abram."

O CAIBALION

Os Sete Princípios Herméticos, nos quais toda a Filosofia Hermética se baseia, são os seguintes:

I. O PRINCÍPIO DO MENTALISMO

II. O PRINCÍPIO DA CORRESPONDÊNCIA

III. O PRINCÍPIO DA VIBRAÇÃO

IV. O PRINCÍPIO DA POLARIDADE

V. O PRINCÍPIO DO RITMO

VI. O PRINCÍPIO DE CAUSA E EFEITO

VII. O PRINCÍPIO DE GÊNERO

Esses Sete Princípios serão discutidos e explicados à medida que prosseguirmos com essas lições. No entanto, uma breve explicação de cada um deles pode ser também fornecida agora.

I. O Princípio do Mentalismo

"O TODO é a MENTE.
O Universo é Mental."

O CAIBALION

Este Princípio incorpora a verdade de que "Tudo é a Mente". Isso explica que o TODO (que é a Realidade Substancial subjacente a todas as manifestações externas e aparências que conhecemos sob os termos de "O Universo Material"; os "Fenômenos da Vida"; a "Matéria"; a "Energia"; e, em resumo, tudo o que é aparente aos nossos sentidos materiais) é ESPÍRITO, que em si mesmo é INCOGNOSCÍVEL e INDEFINÍVEL, mas que pode ser considerado e pensado como UMA MENTE VIVA UNIVERSAL, INFINITA.

Esse princípio também explica que todo o mundo, ou o universo fenomenal, é simplesmente uma Criação Mental do TODO, sujeito às Leis das Coisas Criadas, e que o universo, como um todo, e em suas partes ou unidades, tem sua existência na Mente do TODO, e nessa Mente nós "vivemos, nos movemos e temos nosso ser". Esse Princípio, ao estabelecer a Natureza Mental do Universo, explica facilmente todos os variados fenômenos mentais e psíquicos que ocupam grande parte da atenção do público e que, sem tal explicação, são incompreensíveis e desafiam o pensamento científico. A compreensão desse grande Princípio Hermético do Mentalismo permite ao indivíduo compreender prontamente as leis do Universo Mental e aplicá-las para o seu bem-estar e progresso. O Estudante Hermetista é capaz de aplicar inteligentemente as grandes Leis Mentais, em vez de usá-las de maneira aleatória. Com a Chave Mestra em sua posse, o estudante pode destrancar as muitas portas do templo mental e psíquico do conhecimento e entrar nele com liberdade e inteligência. Este Princípio explica a verdadeira natureza da "Energia", do "Poder" e da "Matéria", e demonstra por que e como tudo isso está subordinado ao Domínio da Mente. Um dos antigos Mestres Hermetistas escreveu, há muito tempo: "Aquele que apreende a verdade da Natureza Mental do Universo está bem avançado no Caminho para a Maestria". E essas palavras são tão verdadeiras nos dias de hoje como eram na época em que foram escritas. Sem essa Chave Mestra, a Maestria é impossível, e o aluno fica batendo nas muitas portas do Templo em vão.

II. O Princípio da Correspondência

"Tudo o que está acima, também
está abaixo; como tudo o que está
abaixo, também está acima."

O CAIBALION

Este Princípio incorpora a verdade de que sempre há uma Correspondência entre as leis e os fenômenos dos diversos planos do Ser e da Vida. O velho axioma hermético continha estas palavras: "Tudo o que está acima, também está abaixo; como tudo o que está abaixo, também está acima". A compreensão deste Princípio dá ao ser os meios de resolver muitos paradoxos sombrios e segredos ocultos da Natureza. Existem planos além do nosso conhecimento atual, mas, quando aplicamos o Princípio da Correspondência a eles, somos capazes de compreender muito daquilo que, de outra forma, seria desconhecido para nós. Este Princípio é de aplicação e de manifestação universais, nos vários planos do universo material, mental e espiritual – é uma Lei Universal. Os antigos hermetistas consideravam este princípio como um dos mais importantes instrumentos mentais, pelo qual o homem era capaz de remover os obstáculos que ocultavam o Desconhecido. Seu uso conseguiu até mesmo rasgar o Véu de Ísis, a ponto de se poder ver o rosto da deusa. Assim como o conhecimento dos Princípios da Geometria permite ao homem medir os sóis distantes e seus movimentos, mesmo quando ele está sentado em seu observatório, o conhecimento do Princípio da Correspondência permite ao Homem raciocinar de forma inteligente sobre os dois polos: do Conhecido ao Desconhecido. O ser, ao estudar a mônada, consegue compreender a natureza do arcanjo.

III. O Princípio da Vibração

"Nada está em repouso; tudo se move; tudo vibra."

O CAIBALION

Este Princípio incorpora a verdade de que "tudo está em movimento"; "tudo vibra"; "nada está em repouso"; fatos que a Ciência Moderna endossa e que cada nova descoberta científica tende a verificar e confirmar. E, no entanto, este Princípio Hermético foi enunciado há milhares de anos, pelos Mestres do Antigo Egito. Este Princípio explica que as diferenças entre as diversas manifestações da Matéria, da Energia, da Mente, e até mesmo do Espírito, resultam em grande parte das faixas variáveis de Vibração. Desde o TODO, que é Espírito Puro, até a forma mais grosseira da Matéria, tudo está em vibração – quanto mais alta a vibração, mais alta a posição na escala. A vibração do Espírito está em uma taxa tão infinita de intensidade e rapidez, que parece estar praticamente em repouso – assim como uma roda em movimento rápido parece estar imóvel. E, no outro extremo da escala, existem as formas mais grosseiras da matéria, cujas vibrações são tão baixas que também parecem em repouso. Entre esses polos, existem milhões e milhões de graus variados de vibração. Desde o corpúsculo e o elétron, o átomo e a molécula, até os mundos e os universos, tudo está em movimento vibratório. Isso também é verdade nos planos da energia e da força (que são de vários graus de vibração); e também nos planos mentais (cujos estados dependem das vibrações); e até mesmo nos planos espirituais. Uma compreensão deste Princípio, com as fórmulas apropriadas, capacita os alunos de Hermetismo a controlarem suas próprias vibrações mentais, bem como as dos outros. Os Mestres também aplicam este Princípio para a conquista dos fenômenos naturais, de várias maneiras. "Aquele que compreende o Princípio da Vibração, conquistou o cetro do Poder", diz um dos antigos escritores.

IV. O Princípio da Polaridade

"Tudo é Duplo; tudo tem dois polos; tudo tem seu par de opostos; semelhantes e diferentes são iguais; os opostos são idênticos em sua natureza, mas diferentes em grau; os extremos se encontram; todas as verdades não passam de meias verdades; todos os paradoxos podem se reconciliar."

O CAIBALION

Este Princípio incorpora a verdade de que "tudo é duplo"; "tudo tem dois polos"; "tudo tem seu par de opostos", que eram velhos axiomas Herméticos. Esse Princípio explica os antigos paradoxos que deixaram muitos perplexos, e foi enunciado da seguinte forma: "Tese e antítese são idênticas na sua natureza, mas diferentes em grau"; "os opostos são iguais, diferindo apenas em grau"; "os pares de opostos podem se reconciliar"; "os extremos se encontram"; "tudo é e não é ao mesmo tempo"; "todas as verdades não passam de meias verdades"; "toda verdade é meio falsa"; "há dois lados em tudo", e assim por diante. Isso explica que em tudo há dois polos, ou aspectos opostos, e que os "opostos" são realmente apenas os dois extremos da mesma coisa, com muitos graus entre eles. Para ilustrar, Calor e Frio, embora "opostos", são realmente a mesma coisa, as diferenças consistem apenas em graus da mesma coisa. Olhe para o seu termômetro e veja se consegue descobrir onde termina o "calor" e onde começa o "frio"! Não existe algo como "calor absoluto" ou "frio absoluto" – os dois termos, "calor" e "frio", indicam simplesmente vários graus da mesma coisa, e aquela "mesma coisa" que se manifesta como "calor" e "frio" é apenas uma forma, uma variedade e uma faixa de vibração. Portanto, "calor" e "frio" são simplesmente os "dois polos" daquilo que chamamos de "Calor" – e os fenômenos decorrentes disso são manifestações do Princípio da Polaridade. O mesmo Princípio se manifesta no caso de "Luz e Escuridão", que são a mesma coisa, e a diferença entre elas consiste em vários graus entre os dois polos do mesmo fenômeno. Onde termina a "escuridão" e começa a "luz"? Qual é a diferença entre "Grande e Pequeno"? Entre "Duro e Mole"? Entre "Preto e Branco"? Entre "Nítido e Opaco"? Entre "Ruído e Silêncio"? Entre "Alto e Baixo"? Entre "Positivo e Negativo"? O Princípio da Polaridade explica esses paradoxos, e nenhum outro Princípio pode substituí-lo. O mesmo Princípio opera no Plano Mental. Tomemos um exemplo radical e extremo – "Amor e Ódio", dois estados mentais que parecem ser totalmente diferentes. E, ainda assim, há graus de ódio e graus de amor, e um ponto intermediário em que usamos os termos "gostar ou não gostar", que se dividem em outros graus, e às vezes ficamos sem saber se "gostamos", "não gostamos" ou "se somos indiferentes". E todos são simplesmente graus da mesma coisa, como você pode verificar se pensar um pouco. E, mais do que isso (e considerado de maior importância pelos Hermetistas), é possível transformar as vibrações do Ódio em vibrações de Amor, na sua própria mente e na mente dos outros. Muitos de vocês, que leem estas linhas, tiveram experiências pessoais de rápida transição involuntária do Amor para o Ódio, e vice-versa, o que pode ocorrer facilmente com você e com os outros. E você vai perceber a possibilidade de essa transformação ser realizada pelo simples uso da Vontade, por meio das fórmulas herméticas. "Bem e Mal" são apenas os dois polos da mesma coisa, e o Hermetista compreende a arte de transmutar o Mal em Bem, por meio da aplicação do Princípio da Polaridade. Em suma, a "Arte da Polarização" torna-se uma fase da "Alquimia Mental", conhecida e praticada pelos antigos e modernos Mestres Herméticos. Uma compreensão do Princípio permitirá a uma pessoa mudar a sua própria Polaridade, bem como a dos outros, se ela dedicar o tempo e os estudos necessários para dominar a arte.

V. O Princípio do Ritmo

"Tudo flui, para fora e para dentro; tudo tem as suas marés; todas as coisas sobem e descem; a oscilação do pêndulo se manifesta em tudo; a medida da oscilação para a direita é a mesma medida da oscilação para a esquerda; o ritmo compensa tudo."

O CAIBALION

Este Princípio incorpora a verdade de que, em tudo que se manifesta, existe um movimento equivalente de um lado para o outro; um fluxo e um refluxo; um balanço para frente e para trás;

um movimento semelhante ao de um pêndulo; uma vazante e uma cheia num fluxo semelhante ao das marés; uma maré alta e uma maré baixa; um movimento que existe entre os dois polos, de acordo com o Princípio da Polaridade, descrito há pouco. Sempre há uma ação e uma reação; um avanço e um recuo; uma emersão e uma imersão. Isso está nos assuntos do Universo, nos sóis, mundos, homens, animais, mente, energia e matéria. Esta lei se manifesta na criação e na destruição dos mundos; na ascensão e na queda das nações; na vida de todas as coisas; e, finalmente, nos estados mentais do Homem (e os Hermetistas consideram compreender o Princípio para este último item como o mais importante). Os Hermetistas compreenderam este Princípio, encontrando sua aplicação universal, e também descobriram certos meios para superar seus efeitos em si mesmos, pelo uso de fórmulas e métodos apropriados. Eles aplicam a Lei Mental de Neutralização. Eles não podem anular o Princípio, ou fazer com que cesse sua operação, mas aprenderam como escapar de seus efeitos até um certo grau, dependendo da sua Maestria em relação ao Princípio. Eles aprenderam a USAR, em vez de serem USADOS. Neste, e em métodos semelhantes, consiste a Arte dos Hermetistas. O Mestre do Hermetismo polariza-se no ponto em que deseja descansar e, a seguir, neutraliza o balanço rítmico do pêndulo que tenderia a levá-lo ao outro polo. Todos os indivíduos que atingiram alguma condição de Autodomínio fazem isso até certo grau, mais ou menos inconscientemente, mas o Mestre faz isso pleno de consciência e, pelo uso da sua Vontade, ele atinge um grau de equilíbrio e firmeza mental quase impossível de se acreditar pelas massas que se movem para a frente e para trás como um pêndulo. Este Princípio, juntamente com o da Polaridade, foi estudado de perto pelos hermetistas, e os métodos, segundo a vontade, de agir contrariamente, neutralizar e USÁ-LOS formam uma parte importante da Alquimia Mental Hermética.

VI. O Princípio de Causa e Efeito

"Toda Causa tem seu Efeito; todo Efeito tem sua Causa; tudo acontece de acordo com a Lei; O Acaso é apenas um nome para uma Lei não reconhecida; existem muitos planos de causalidade, mas nada escapa à Lei."

O CAIBALION

Este Princípio incorpora o fato de que existe uma Causa para cada Efeito; e um Efeito para cada Causa. Ele explica que: "Tudo acontece de acordo com a Lei"; que nada "simplesmente acontece"; que não existe algo como o Acaso; que, embora existam vários planos de Causa e Efeito, e que os superiores dominem os inferiores, ainda assim nada escapa inteiramente à Lei. Os hermetistas entendem a arte e os métodos de se elevar acima do plano comum de Causa e Efeito, até certo grau e, ao se elevar mentalmente a um plano superior, eles se tornam Causas em vez de Efeitos. As multidões são automaticamente levadas, são obedientes ao meio ambiente; às vontades e aos desejos dos outros, que são mais fortes do que elas; hereditariedade; sugestão; e outras causas externas movem-nas como peões no Tabuleiro da Vida. Mas os Mestres, ao subirem ao plano superior, dominam seus humores, características, qualidades e poderes, bem como o ambiente que os rodeia, e tornam-se Condutores, em vez de peões. Eles ajudam a JOGAR O JOGO DA VIDA, em vez de serem peças do jogo movidas por outras vontades e ambientes. Eles USAM o Princípio, em vez de serem objetos dele. Os Mestres obedecem às Causas dos planos superiores, mas ajudam A ORDENÁ--LAS em seu próprio plano. Nesta declaração está resumida uma joia do conhecimento hermético – compreenda quem puder.

VII. O Princípio de Gênero

"Em tudo existe Gênero; tudo tem o seu Princípio Masculino e o seu Princípio Feminino; o Gênero se manifesta em todos os planos."

O CAIBALION

Este Princípio incorpora a verdade de que há um GÊNERO manifestado em tudo – o Princípio Masculino e o Princípio Feminino, que estão sempre em ação. E isso é verdade, não apenas no Plano Físico, mas também no Plano Mental, e até mesmo no Plano Espiritual. No Plano Físico, o Princípio se manifesta como SEXO, nos planos superiores assume formas superiores, mas o Princípio é sempre o mesmo. Nenhuma criação, física, mental ou espiritual, é possível sem este Princípio. A compreensão das suas leis lançará uma luz sobre muitos assuntos que têm deixado a mente dos homens perplexa. O Princípio de Gênero trabalha sempre na direção da geração, da renovação e da criação. Tudo, e também cada pessoa, contém os dois Elementos ou Princípios, ou este grande Princípio, dentro de si, seja ele ou ela. Cada coisa masculina também tem em si o Elemento Feminino; cada coisa feminina contém também o Princípio Masculino. Se você deseja compreender a filosofia da Criação, da Geração e da Renovação Mental e Espiritual, você deve compreender e estudar este Princípio Hermético. Ele contém a solução de muitos mistérios da Vida. Uma advertência: este Princípio não tem nenhuma relação com as muitas teorias, ensinamentos e práticas lascivas perniciosas e degradantes, que são ensinadas sob títulos fantasiosos e que são uma prostituição do grande princípio natural do Gênero. Essas reminiscências das antigas formas infames do Falicismo tendem a arruinar a mente, o corpo e a alma, e a Filosofia Hermética sempre fez soar uma nota de advertência contra ensinos degradados que tendem à luxúria, à licenciosidade e à perversão dos princípios da Natureza. Se você procura informações sobre tais tipos de ensinamentos, deve buscá-los em outro lugar – o hermetismo não tem nada sobre isso para você ao longo destas linhas. Para o puro, todas as coisas são puras; para a base, todas as coisas são básicas.

3

Transmutação Mental

"A mente (assim como os metais e os elementos) pode ser transmutada, de estado a estado; de grau a grau; de condição a condição; de polo a polo; de vibração a vibração. A verdadeira transmutação hermética é uma Arte Mental."

O CAIBALION

Como nós já afirmamos, os hermetistas foram os alquimistas, astrólogos e psicólogos originais, tendo sido Hermes o fundador dessas escolas de pensamento. Da astrologia veio a astronomia moderna; da alquimia surgiu a química moderna; da psicologia mística surgiram as escolas modernas da psicologia. Mas não se deve supor que os antigos ignorassem todo o conhecimento que as escolas modernas supõem ser a sua propriedade especial e exclusiva. Os registros gravados nas pedras do Antigo Egito mostram conclusivamente que os antigos tinham um conhecimento completo e abrangente da astronomia; a própria construção das pirâmides mostra a conexão entre o seu projeto e o estudo da ciência astronômica. Eles também não eram ignorantes sobre a química, pois os fragmentos dos escritos antigos mostram que eles estavam familiarizados com as propriedades químicas das coisas; na verdade, as antigas teorias a respeito da física estão sendo lentamente verificadas pelas últimas descobertas da ciência moderna, notadamente aquelas relacionadas à constituição da matéria. Tampouco se deve supor que eles ignorassem as chamadas descobertas modernas da psicologia – pelo contrário – os egípcios eram especialmente hábeis na ciência da Psicologia, particularmente nos ramos que as escolas modernas ignoram, mas que, no entanto, estão sendo descobertos sob o nome de "ciência psíquica", deixando perplexos os psicólogos de hoje, e fazendo com que eles relutantemente admitam que "pode haver alguma coisa no meio disso, afinal".

A verdade é que, além da química material, da astronomia e da psicologia (ou seja, a psicologia em seu enfoque de "ação cerebral"), os antigos possuíam conhecimentos de astronomia transcendental, chamada de astrologia; de química transcendental, chamada de alquimia; de psicologia transcendental, chamada de psicologia mística. Eles possuíam o Conhecimento Interior, bem como o Conhecimento Exterior, sendo este último conhecido hoje pelos cientistas modernos. Entre os muitos ramos secretos do conhecimento em posse dos hermetistas, estava aquele conhecido como a Transmutação Mental, que constitui o assunto desta lição.

"Transmutação" é um termo geralmente empregado para designar a antiga arte da transmutação dos metais – particularmente dos metais comuns em ouro. A palavra "transmutar" significa "mudar de uma natureza, forma ou substância para outra; transformar" (*Webster's Dictionary*). E, consequentemente, "Transmutação Mental" significa a arte de mudar e transformar estados, formas e condições mentais em outros. Portanto, podemos ver que a Transmutação Mental é a "Arte da Química Mental" e, se você gostar do termo, ela é uma forma de Psicologia Mística prática.

Mas isso significa muito mais do que parece ao olharmos somente a superfície. Transmutação, Alquimia ou Química, no Plano Mental, é muito importante em seus efeitos, com certeza, e, se a arte ficasse somente por aí, ela ainda seria um dos ramos de estudo mais importantes conhecidos pelo homem. Mas este é apenas o começo. E agora vamos ver por quê!

O primeiro dos Sete Princípios Herméticos é o Princípio do Mentalismo, cujo axioma é: "o TODO é a MENTE; o Universo é Mental", o que significa que a Realidade Subjacente do Universo é a Mente; e o próprio Universo é Mental – isto é, "ele existe na Mente do TODO". Devemos considerar este Princípio nas próximas lições, mas vamos ver seu efeito se ele for assumido como verdadeiro.

Se o Universo é Mental na sua natureza, então a Transmutação Mental deve ser a arte de MUDAR AS CONDIÇÕES DO UNIVERSO, ao longo das linhas de Matéria, Força e Mente. Portanto, você vê que a Transmutação Mental é realmente a "Magia" sobre a qual os escritores antigos tanto tinham a dizer em suas obras místicas e sobre a qual deram tão poucas instruções práticas. Se Tudo for Mental, então a arte que permite transmutar as condições mentais deve tornar o Mestre o controlador das condições materiais, bem como daquelas normalmente chamadas de "mentais".

Realmente, ninguém, exceto os Alquimistas Mentais avançados, foram capazes de atingir o grau de poder necessário para controlar as condições físicas mais grosseiras, como o controle dos elementos da Natureza; a produção ou a cessação de tempestades; a criação e a finalização de terremotos e outros grandes fenômenos físicos. Mas, que tais homens existiram, e existem ainda hoje, é uma questão de crença sincera para todos os ocultistas avançados de todas as escolas. Que os Mestres existem, e têm esses poderes, os melhores professores asseguram aos seus discípulos, e eles citam experiências que justificam tais crenças e afirmações. Esses Mestres não fazem exibições públicas de seus poderes, mas buscam isolamento das multidões dos homens, a fim de trabalhar melhor seu caminho ao longo da Via da Realização. Mencionamos sua existência, neste ponto, apenas para chamar sua atenção para o fato de que seu poder é inteiramente Mental e opera ao longo das linhas da Transmutação Mental superior, sob o Princípio Hermético do Mentalismo. "O Universo é Mental" – O Caibalion.

Mas os alunos e hermetistas de grau inferior aos Mestres – os Iniciados e Professores – são também capazes de trabalhar livremente ao longo do Plano Mental, com a Transmutação Mental. Na verdade, tudo o que chamamos de "fenômenos psíquicos"; "influência mental"; "ciência mental"; "fenômenos do novo pensamento" etc., opera ao longo das mesmas linhas gerais, pois há apenas um princípio envolvido, não importa por qual nome os fenômenos sejam chamados.

O estudante e praticante da Transmutação Mental trabalha no centro do Plano Mental, transmutando as condições mentais e os estados em outros, de acordo com várias fórmulas, mais ou menos eficazes. Os vários "tratamentos", "afirmações", "negações", e outros, das escolas de ciência mental, são apenas fórmulas, muitas vezes bastante imperfeitas e não científicas, da Arte Hermética. A maioria dos praticantes modernos é bastante ignorante em comparação com os antigos mestres, pois carecem do conhecimento fundamental sobre o qual o trabalho se baseia.

Não apenas os estados mentais próprios de uma pessoa podem ser mudados ou transmutados por métodos herméticos, mas também os estados dos outros podem ser, e são, constantemente, transmutados pelo mesmo método, geralmente de modo inconsciente, mas muitas vezes conscientemente, por algum entendimento de leis e princípios, nos casos das pessoas afetadas não terem sido informadas sobre os princípios de autoproteção. E, mais do que isso, como muitos estudantes e praticantes da ciência mental moderna sabem, cada condição material, dependendo das mentes de outras pessoas, pode ser mudada ou transmutada de acordo com o desejo sincero, a vontade e os "tratamentos" feitos pela pessoa que deseja essas condições alteradas na sua vida. O público moderno está tão vagamente informado sobre essas coisas, que não consideramos necessário mencionar isso longamente; nosso propósito neste momento é apenas mostrar o Princípio Hermético e a Arte subjacente a todas essas várias formas de prática, boas e más, já que essa força pode ser usada em direções opostas, de acordo com o Princípio Hermético da Polaridade.

Neste pequeno livro, explicaremos os princípios básicos da Transmutação Mental, para que todos os leitores possam compreender os Princípios Subjacentes e, assim, possuir a Chave Mestra que abrirá as muitas portas do Princípio da Polaridade.

Devemos agora proceder a uma consideração sobre o primeiro dos Sete Princípios Herméticos – o Princípio do Mentalismo, no qual é explicada a verdade de que "O TODO é A MENTE; o Universo é Mental", nas palavras de *O Caibalion*. Pedimos a atenção e o estudo cuidadoso deste grande Princípio por parte de nossos alunos, pois ele é realmente o Princípio Básico de toda a Filosofia Hermética e da Arte Hermética da Transmutação Mental.

4

O Todo

*"Por baixo e por trás do Universo, do
Tempo, do Espaço e da Mudança pode
sempre ser encontrada A Realidade
Substancial – A Verdade Fundamental."*

O CAIBALION

"Substância" significa "aquilo que está por trás de
todas as manifestações externas; a essência; a realidade essencial; a coisa em si", entre outras definições. "Substancial" significa "aquilo que realmente
existe; o elemento essencial; aquilo que é real", e
assim por diante. "Realidade" significa "o estado
de ser real; verdadeiro, duradouro; válido; fixo;
permanente; real".

Por baixo e por trás de todas as aparências ou
manifestações externas, existe sempre uma Realidade Substancial. Esta é a Lei. O homem, quando
considera o Universo, do qual ele é uma unidade,
não vê nada além das mudanças na matéria, nas
forças e nos estados mentais. Ele vê que nada
realmente É, mas que tudo está SE TORNANDO e
MUDANDO todo o tempo. Nada fica parado – tudo
está nascendo, crescendo, morrendo – no mesmo

instante em que uma coisa atinge seu auge, ela começa a declinar – a lei do ritmo está em operação constante – não há realidade, qualidade duradoura, posição fixa ou substancialidade em nada – nada é permanente, exceto a mudança. Ele vê todas as coisas evoluírem a partir de outras coisas e se transformarem em outras tantas – há ação e reação constantes; entrada e saída; construção e desconstrução; criação e destruição; nascimento, crescimento e morte. Nada dura, exceto as mudanças. E, se for realmente um homem observador ele percebe que todas essas coisas mutáveis devem ser apenas aparências externas ou manifestações de algum Poder Subjacente – de alguma Realidade Substancial.

Todos os pensadores, em todos os lugares e em todos os tempos, assumiram a necessidade de postular a existência desta Realidade Substancial. Todas as filosofias dignas desse nome foram baseadas nesse pensamento. Os homens deram a essa Realidade Substancial muitos nomes – alguns a chamaram de Deidade (sob muitos títulos); outros a chamaram de "A Energia Infinita e Eterna"; outros tentaram chamá-la de "Matéria" – mas todos reconheceram a sua existência. É evidente – não precisa de argumento para provar.

Nestas lições, seguimos o exemplo de alguns dos maiores pensadores do mundo, antigos e modernos, os Mestres Herméticos – e optamos por chamar esse Poder Subjacente – essa Realidade Substancial – pelo nome Hermético de "O TODO", termo que consideramos ser o mais abrangente dos muitos termos aplicados pelo Homem ÀQUELE que transcende todos os nomes e termos.

Nós aceitamos e ensinamos a visão dos grandes pensadores herméticos de todos os tempos, bem como a daquelas almas iluminadas que alcançaram planos superiores da existência, que afirmam que a natureza interior do TODO é INCOGNOSCÍVEL. E isso deve ser mesmo assim, pois nada, além do próprio TODO, pode compreender totalmente o seu Ser e a Sua própria natureza.

Os hermetistas acreditam e ensinam que o todo, "em si", é e deve ser sempre incognoscível. Eles consideram que todas as teorias, suposições e especulações dos teólogos e metafísicos a respeito da natureza interior do todo são apenas os esforços infantis das mentes mortais para apreender o segredo do Infinito. Esses esforços sempre falharam, e sempre falharão, pela própria natureza da tarefa. Aquele que busca tais indagações viaja continuamente no labirinto do pensamento, até que elas se percam para todo o raciocínio, ação ou conduta sã, e seja totalmente ineficaz para os tratos da vida. Ele é como o esquilo, que corre freneticamente na roda giratória de sua gaiola, andando sem parar e, ainda assim, sem chegar a lugar nenhum – no final, ele acaba sendo um prisioneiro ainda, parado exatamente no ponto onde havia começado.

Ainda mais presunçosos são aqueles que tentam atribuir ao TODO a personalidade, as qualidades, as propriedades, as características e os atributos que percebem em si próprios, atribuindo ao TODO as emoções, sentimentos e características humanos, até mesmo as mais insignificantes características da humanidade, tais como o ciúme, a suscetibilidade, a lisonja e o louvor, o desejo de oferendas e a adoração, e todas as outras coisas que sobreviveram desde a infância da nossa raça humana. Essas ideias não são mais dignas de pessoas adultas e estão sendo rapidamente descartadas.

(Neste ponto, pode ser apropriado afirmar que fazemos uma distinção entre Religião e Teologia – entre Filosofia e Metafísica. Religião, para nós, significa aquela compreensão intuitiva da existência do TODO e a nossa relação com Ele, enquanto Teologia significa as tentativas do homem de atribuir personalidade, qualidades e características a Ele; ela estuda as teorias segundo os seus assuntos, vontades, desejos, planos e projetos, além da sua ascensão ao cargo de "intermediário" entre O TODO e as pessoas. A Filosofia, para nós, significa a investigação que se faz após o conhecimento das coisas cognoscíveis e pensáveis; enquanto a Metafísica é a tentativa de levar a investigação para além das fronteiras e para as regiões desconhecidas e impensáveis, com a mesma tendência proposta pela Teologia. Consequentemente, tanto Religião quanto Filosofia significam para nós coisas que têm raízes na Realidade, enquanto a Teologia e a Metafísica parecem juncos quebrados, enraizados nas areias movediças da ignorância, que proporcionam nada mais do que um suporte inseguro para a mente ou para a alma do Homem. Não insistimos para que os nossos alunos aceitem essas definições – nós as mencionamos simplesmente para mostrar a nossa posição. De qualquer modo, você ouvirá muito pouco sobre Teologia e Metafísica nessas lições.)

Embora a natureza essencial do TODO seja Incognoscível, existem certas verdades ligadas à sua existência que a mente humana se vê compelida a aceitar. E um exame desses relatos constitui um assunto apropriado para a investigação, particularmente porque elas concordam com os relatos dos Iluminados nos planos superiores. E para essa investigação nós o convidamos agora.

"AQUELE que é a Verdade Fundamental – a Realidade Substancial – está além de qualquer nomeação, mas os Homens Sábios o chamam de O TODO."
– O CAIBALION

"Em sua essência, O TODO é INCOGNOSCÍVEL."
– O CAIBALION

"Os relatos da Razão devem ser recebidos com hospitalidade e tratados com respeito."
– O CAIBALION

A razão humana, cujos relatos devemos aceitar assim que tenhamos noção deles, nos informa o seguinte sobre O TODO, e isso, é claro, sem tentar remover o véu daquilo que é Incognoscível:

1. O TODO deve ser TUDO que REALMENTE ELE É. Nada pode existir fora do TODO, senão O TODO não seria O TODO.

2. O TODO deve ser INFINITO, pois nada mais há que possa definir, confinar, pôr barreiras, limitar ou restringir O TODO. Ele deve ser Infinito no Tempo, ou ETERNO, – deve ter sempre existido continuamente, pois não existe nada mais que o tenha criado, e algo nunca pode evoluir do nada; se alguma vez Ele "não existiu", mesmo por um

momento, Ele não seria "agora" – Ele deve existir continuamente e para sempre, pois não há nada que consiga destruí-lo, e nunca pode "não ser", mesmo por um momento, porque algo nunca pode se tornar nada. Deve ser infinito no espaço – deve estar em todos os lugares, pois não há lugar fora do TODO – não pode ser diferente de algo contínuo no espaço, sem quebra, cessação, separação ou interrupção, pois não há nada para o quebrar, separar, ou interromper sua continuidade, e nada com o que "preencher as suas lacunas". Deve ser Infinito em Poder, ou Absoluto, pois não há nada para o limitar, restringir, pôr barreiras, confinar, perturbar ou condicionar – ele não está sujeito a nenhum outro Poder, pois, na verdade, não há outro Poder.

3. O TODO deve ser IMUTÁVEL, ou não sujeito à mudança em sua natureza real, pois não há nada que possa operar mudanças sobre Ele; nada existe em que Ele pudesse mudar, nem a partir do qual pudesse ser mudado. Não pode ser adicionado nem subtraído nada a Ele; nunca aumentou, nem diminuiu; nem se tornou maior ou menor em qualquer aspecto. Deve ter sido sempre, e deve sempre permanecer exatamente o que é agora – O TODO – nunca houve, não há e nunca haverá qualquer outra coisa em que possa se transformar.

Sendo O TODO Infinito, Absoluto, Eterno e Imutável, segue-se que nada que é finito, mutável, fugaz e condicionado pode ser O TODO. E, como não há Nada fora do TODO, na Realidade, toda e qualquer coisa finita deve ser como o Nada na Realidade. Agora, não fique confuso, nem amedrontado – não estamos tentando conduzi-lo ao campo da Ciência Cristã sob o manto da Filosofia Hermética. Há uma reconciliação desse estado de coisas aparentemente contraditórias. Seja paciente, nós chegaremos lá a tempo.

Vemos ao nosso redor aquilo que é chamado de "matéria", que constitui a base física de todas as formas. O TODO é apenas matéria? De jeito nenhum! A matéria não pode manifestar a Vida ou a Mente, e já que a Vida e a Mente são manifestadas no Universo, o TODO não pode ser somente Matéria, pois nada pode se elevar acima da sua própria fonte – e nada é jamais manifestado com um efeito que não tenha uma causa – nada se desenvolve como consequência, que não esteja envolvido com um antecedente. Por isso a Ciência Moderna nos informa que realmente não existe a Matéria – mas sim que o que chamamos de Matéria é somente um tipo de "energia ou força interrompida", isto é, ela é a energia ou a força em um baixo nível de vibração. Como um escritor disse recentemente: "A Matéria dissolveu-se no Mistério". Até mesmo a Ciência Materialista abandonou a teoria da Matéria e agora se baseia na "Energia".

Então, O TODO é somente Energia ou é Força? Nem Energia nem Força, como os materialistas empregam esses termos, pois sua energia e força são coisas cegas, mecânicas, desprovidas de Vida ou da Mente. Vida e Mente nunca podem evoluir de Energia ou Força cegas, pela mesma razão dada há pouco: "Nada pode se elevar acima da sua própria fonte – e nada é jamais manifestado com um efeito que não tenha uma causa – nada se desenvolve como consequência, que não esteja envolvido com um antecedente". E assim O TODO não pode ser mera Energia ou Força, pois, se fosse, então não existiriam coisas como a Vida e a Mente, e sabemos muito bem que elas existem, pois estamos Vivos e usando a Mente para considerar essa questão, assim como também fazem até mesmo aqueles que afirmam que a Energia ou a Força são Tudo.

O que há então de mais importante do que a Matéria ou a Energia que sabemos existir no Universo? VIDA E MENTE! Vida e Mente em todos os seus vários graus de desenvolvimento! "Então", você pergunta, "você quer nos dizer que O TODO é VIDA e MENTE?" Sim e não! é a nossa resposta. Se você quer dizer Vida e Mente como nós, pobres e mesquinhos mortais, conhecemos, dizemos: Não! O TODO não é isso! "Mas que tipo de Vida e Mente você quer dizer?", você pode estar perguntando.

A resposta é "MENTE VIVA, muito acima do que os mortais conhecem ao ouvir essas palavras, pois a Vida e a Mente são superiores às forças mecânicas, ou à matéria – MENTE VIVA INFINITA em comparação com a Vida e a Mente finitas". Queremos dizer o que as almas iluminadas declaram quando pronunciam reverentemente a palavra: "ESPÍRITO!" "O TODO" é a Mente Viva Infinita – e os Iluminados a chamam de ESPÍRITO!

5

O Universo Mental

"O Universo é Mental –
mantido na Mente do TODO."

O CAIBALION

O TODO é ESPÍRITO! Mas o que é Espírito? Esta pergunta não pode ser respondida, porque a sua definição é praticamente igual à do TODO, e Ele não pode ser explicado ou definido. Espírito é simplesmente um nome que os homens dão à concepção mais elevada da Mente Viva Infinita – ele significa a "Essência Real" – significa a Mente Viva, muito superior à Vida e à Mente como as conhecemos, pois aquela é superior à Energia e à Matéria mecânicas. O Espírito transcende nosso entendimento, e usamos o termo apenas para pensar ou falar sobre O TODO. Para efeito de pensamento e compreensão, temos justificativa para pensar no Espírito como uma Mente Viva Infinita, ao mesmo tempo reconhecendo que não podemos entendê-lo completamente. Devemos agir assim ou parar de pensar no assunto.

Vamos agora passar a uma consideração da natureza do Universo, como um todo, e em suas partes. O que é o Universo? Vimos que não pode haver nada fora do TODO. Então o Universo é O TODO? Não, não pode ser, porque o Universo parece ser composto de MUITOS outros, e ele está em constante mudança e, por outro lado, não está à altura das ideias que somos obrigados a aceitar sobre O TODO, conforme afirmamos em nossa última lição. Por isso, se o Universo não é O TODO, então ele deve ser o Nada, tal é a conclusão inevitável da mente ao primeiro pensamento. Mas isso não vai satisfazer a questão, pois temos consciência da existência do Universo. Então, se o Universo não é O TODO nem o Nada, o que pode ser? Vamos examinar essa questão.

Se o Universo existe, ou parece existir, ele deve proceder de alguma forma do TODO – deve ser uma criação do TODO. Mas, como algo nunca pode vir do nada, a partir do que O TODO poderia tê-lo criado? Alguns filósofos responderam a essa pergunta dizendo que O TODO criou o Universo a partir de SI MESMO – isto é, a partir do ser e da substância do TODO. Mas isso não procede, pois O TODO não pode ser subtraído, nem dividido, como vimos; então, mais uma vez, se assim fosse, cada partícula do Universo não estaria ciente de que ela é O TODO – e, por princípio, O TODO não poderia perder seu conhecimento de si mesmo, nem TOR-

NAR-SE realmente um átomo, ou uma força cega, ou uma coisa viva menor. Alguns homens, de fato, ao perceber que O TODO é de fato TUDO, e também ao reconhecer que eles, os homens, existiam, eles chegaram à conclusão de que eles e O TODO eram idênticos e uma só coisa, proclamando aos berros "EU SOU DEUS", para o divertimento da multidão e a tristeza dos sábios. A afirmação menor que diz: "Eu sou Homem!" seria bem mais modesta em comparação com aquela.

Mas o que realmente é o Universo, se não O TODO e se não foi criado pelo TODO, ao separar a si mesmo em fragmentos? O que mais ele pode ser – de que mais ele pode ser feito? Essa é a grande questão. Vamos examiná-la cuidadosamente. Descobrimos que o "Princípio da Correspondência" (ver a Lição I) vem em nosso auxílio neste caso. O velho axioma hermético, "Tudo o que está acima, também está abaixo" pode ser utilizado neste ponto. Esforcemo-nos para conseguir um vislumbre do funcionamento dos planos superiores, examinando-os por conta própria. O Princípio da Correspondência deve ser aplicado neste e também em outros problemas.

Vamos analisar isso! Em seu próprio plano de existência, como o homem cria? Bem, primeiramente, ele pode criar utilizando materiais externos.

Mas isso não é válido para o nosso caso, pois não há materiais fora do TODO com os quais Ele possa criar. Bem, vejamos, em segundo lugar, o homem procria ou reproduz sua espécie pelo processo de geração, que é a automultiplicação realizada pela transferência de uma parte de sua substância para a sua descendência. Mas isso também não procede no nosso problema, porque O TODO não pode transferir ou subtrair uma porção de si mesmo, nem pode se reproduzir ou se multiplicar – em primeiro lugar, haveria uma retirada de uma parte Dele e, no segundo caso, uma multiplicação ou adição ao TODO, e ambos os pensamentos são um absurdo. Não existe uma terceira forma pela qual o homem pode criar? Existe, sim! – ele CRIA MENTALMENTE! E, ao fazer isso, ele não usa nenhum material externo nem se reproduz; desse modo, seu Espírito permeia a Criação Mental.

Seguindo o Princípio da Correspondência, temos justificativas para considerar que O TODO cria o Universo MENTALMENTE, de forma semelhante ao processo pelo qual o Homem cria as Imagens Mentais. E, aqui é onde o relato da Razão coincide precisamente com o relato dos Iluminados, conforme mostrado pelos seus ensinamentos e escritos. Esses são os ensinamentos dos Homens Sábios. Esse era o ensinamento de Hermes.

O TODO não pode criar de outra forma que não seja mentalmente, e Ele faz isso sem usar nenhum material (e não há nenhum para ser usado), ou então se reproduzir (o que também é impossível). Não há como escapar dessa conclusão da Razão, que, como dissemos, concorda com os mais elevados ensinamentos dos Iluminados. Assim como você, estudante, pode criar um Universo só seu em sua mente, O TODO também cria Universos na sua própria Mente. Mas o seu Universo, meu caro, é a criação mental de uma Mente Finita, enquanto o Universo do TODO é a criação de uma Mente Infinita. Os dois são a mesma coisa, mas infinitamente diferentes em grau. Devemos examinar mais de perto esse processo de criação e de manifestação, à medida que prosseguirmos com nosso estudo. Mas este é o ponto a ser fixado em suas mentes neste estágio: O UNIVERSO, E TUDO QUE ELE CONTÉM, É UMA CRIAÇÃO MENTAL DO TODO. Verdadeiramente, e de fato, TUDO É A MENTE!

"O todo cria em sua Mente Infinita incontáveis Universos, que existem por Eras de Tempo – Ainda mais: para o todo, a criação, o desenvolvimento, o declínio e a morte de um milhão de universos é como um piscar de olhos." – O CAIBALION

"A Mente Infinita do TODO é o útero dos Universos."

– O CAIBALION

O Princípio de Gênero (veja a Lição I e as outras lições seguintes) se manifesta em todos os planos da vida, material, mental e espiritual. Mas, como já dissemos, "Gênero" não significa "Sexo" – sexo é meramente uma manifestação material do gênero. "Gênero" significa "aquilo que é relacionado à geração ou à criação". E, onde quer que algo seja gerado ou criado, em qualquer plano, o Princípio de Gênero deve se manifestar. E isso é verdade mesmo na criação dos Universos.

Atenção, você não precisa chegar à conclusão, por causa disso, de que estamos ensinando que existe um Deus ou um Criador que é masculino e feminino ao mesmo tempo. Essa ideia é apenas uma distorção dos antigos ensinamentos sobre o assunto. O verdadeiro ensinamento é que O TODO, em sua natureza, está acima do Gênero, como Ele está acima de todas as outras Leis, incluindo as leis do Tempo e do Espaço. Ele é a Lei da qual todas as Leis procedem, e não está sujeito a nenhuma delas. Mas quando O TODO se manifesta no plano da Geração ou da Criação, então ele age de acordo com a Lei e o Princípio, pois está se movendo em um plano inferior do Ser. E, consequentemente, manifesta o Princípio de Gênero, em seus aspectos Masculino e Feminino, no Plano Mental, é claro.

Esta ideia pode parecer surpreendente para alguns de vocês que a ouvem pela primeira vez, mas todos vocês realmente já a aceitaram passivamente em suas concepções cotidianas. Você fala da Paternidade de Deus e da Maternidade da Natureza – de Deus, o Pai Divino, e da Natureza, a Mãe Universal – e, assim, podemos dizer que você reconheceu instintivamente o Princípio de Gênero no Universo. Não é verdade?

Mas o ensino Hermético não implica uma dualidade real – O TODO é UM – os Dois Aspectos são meramente aspectos da sua manifestação. O fato é que o Princípio Masculino, manifestado pelo TODO, fica, de certa forma, à parte da criação mental real do Universo. Ele projeta sua Vontade em direção ao Princípio Feminino (que pode ser chamado de "Natureza"), que, logo depois, começa o trabalho real da evolução do Universo, de simples "centros de atividade" até o homem, e daí por diante, e cada vez mais alto, tudo de acordo com as Leis da Natureza, que são bem estabelecidas e firmemente aplicadas. Se você prefere a imagem das antigas figuras de pensamento, você pode imaginar o Princípio Masculino como DEUS, o Pai, e o Princípio Feminino como a NATUREZA, a Mãe Universal, de cujo ventre todas as coisas nasceram. Isso não é nada além do que uma simples figura poética – é uma alegoria do processo real de criação do Universo. Mas lembre-se sempre de que O TODO é apenas Um, e que em sua Mente Infinita o Universo é gerado, criado e existe.

Você pode ter uma ideia mais adequada, se aplicar a Lei da Correspondência a você mesmo e à sua mente. Você sabe que aquilo que chama de "Eu", em certo sentido, se destaca e é testemunha da criação das Imagens Mentais que estão em sua própria mente. A parte de sua mente na qual a geração mental é realizada pode ser chamada de "Ego", em distinção ao "Eu" que se destaca, que testemunha e examina os pensamentos, as ideias e as imagens do "Ego". "Tudo o que está Acima, também está Abaixo"; lembre-se, e os fenômenos de um plano podem ser usados para resolver os enigmas dos planos superiores ou inferiores.

Não é de se admirar que você, a criança, sinta aquela reverência instintiva pelo TODO, esse sentimento que chamamos de "religião" ou "religiosidade", esse respeito e reverência para com a MENTE-PAI. Também não é de se admirar que, quando considera as obras e as maravilhas da natureza, você seja dominado por um sentimento poderoso, que tem suas raízes no mais íntimo de seu ser. É a MENTE-MÃE, que você está acalentando, como um bebê no seio materno.

Não cometa o erro de supor que este pequeno mundo que você vê ao seu redor – a Terra, que é um grão de poeira minúsculo no Universo – é o próprio Universo. Há milhões e milhões desses mundos, e muito maiores. E existem milhões e milhões desses Universos na Mente Infinita do TODO. E, mesmo em nosso pequeno Sistema Solar, há regiões e planos de vida muito mais elevados do que o nosso, e nós, mortais terrestres, somos como as formas de vida viscosas que habitam o leito do oceano quando comparados ao Homem. Existem seres com poderes e atributos mais elevados do que qualquer homem jamais sonhou que mesmo os deuses possuíssem. E, no entanto, esses seres já foram como você, e ainda de níveis mais inferiores – e você será igual a eles, e ainda mais elevado, com o tempo, pois tal é o Destino do Homem, conforme foi relatado pelos Iluminados.

A Morte não é real, mesmo no sentido relativo – ela é apenas o nascimento para uma nova vida – e você continuará, e continuará, e continuará, na direção de planos cada vez mais elevados de vida, por éons e éons de tempo. O Universo é a sua casa, e você deve explorar os seus recessos mais distantes antes do fim dos tempos. Você habita na Mente Infinita do TODO, e suas possibilidades e oportunidades são infinitas, tanto no Tempo quanto no Espaço. E no final do Grande Ciclo dos Éons, quando O TODO atrair de volta para si todas as suas criações – você irá com prazer, pois então será capaz de conhecer a Verdade Total de Ser Um com O TODO. Tal é o relato dos Iluminados – aqueles que avançaram muito ao longo do Caminho.

Enquanto isso, mantenha-se calmo e sereno – você está seguro e protegido pelo Poder Infinito da MENTE PAI-MÃE.

"Dentro da Mente Pai-Mãe, os filhos mortais estão em casa." – O CAIBALION

"Não há ninguém sem Pai e sem Mãe no Universo." – O CAIBALION

6

O Paradoxo Divino

"Os falsos sábios, reconhecendo a comparativa irrealidade do Universo, imaginam que podem desafiar as suas Leis – esses tais são tolos, vaidosos e presunçosos, e serão quebrados contra as rochas e despedaçados pelos elementos, em razão da sua loucura. O verdadeiro sábio, conhecendo a natureza do Universo, usa a Lei contra as leis; o superior contra o inferior; e, pela Arte da Alquimia, transmuta o que é indesejável naquilo que é digno e, assim, triunfa. A Maestria não consiste em sonhos, visões e imaginações ou vivências fantásticas, mas em usar as forças superiores contra as inferiores – e, com isso, escapar das dores dos planos inferiores para vibrar nos planos superiores. A Transmutação, e não a negação presunçosa, é a arma do Mestre."

O CAIBALION

Este é o Paradoxo do Universo, resultante do Princípio da Polaridade que se manifesta quando O TODO começa a Criar – ouça bem, pois ele aponta a diferença entre a falsa e a verdadeira sabedoria. Para O TODO INFINITO, o Universo, suas Leis, seus Poderes, sua Vida e seus Fenômenos são como coisas testemunhadas num estado de Meditação ou de Sonho; contudo, para tudo aquilo que é Finito, o Universo deve ser tratado como Real, e a vida, a ação e o pensamento devem se basear nisso, porém sempre de acordo com uma compreensão da Verdade Superior. Cada um de acordo com seu próprio Plano e suas próprias Leis. Se TODOS imaginassem que o Universo fosse de fato Realidade, pobre do Universo, pois, nesse caso, não haveria a escalada do inferior para o superior, na Direção Divina – e aí o Universo se tornaria algo fixo, estático, e o progresso se tornaria impossível. Se o Homem, devido à falsa sabedoria, age, vive e pensa no Universo como somente um sonho (semelhante aos seus próprios sonhos finitos), então este realmente assim é para ele e, como um sonâmbulo, ele acaba por tropeçar, mantendo-se em um círculo vicioso, sem realizar nenhum progresso, e finalmente é forçado a um despertar depois de uma queda, machucado e sangrando, por parte das Leis Naturais que ele tinha ignorado. Coloque a sua mente sempre na esfera da Estrela, mas deixe seus olhos vigiarem seus passos, para que você não caia na lama por ter mantido o olhar para cima. Lembre-se do Paradoxo Divino: o Universo É e NÃO É. Lembre-se sempre dos Dois Polos da Verdade – o Absoluto e o Relativo. Cuidado com as meias verdades.

O que os hermetistas conhecem como a "Lei do Paradoxo" é um aspecto do Princípio da Polaridade. Os escritos herméticos estão repletos de referências ao aparecimento do Paradoxo na consideração dos problemas da Vida e do Ser. Os professores constantemente alertam seus alunos contra o erro de omitir o "outro lado" de qualquer questão. E suas advertências são particularmente dirigidas aos problemas do Absoluto e do Relativo, que deixam todos os estudantes de filosofia perplexos, e que fazem tantos pensar e agir de forma contrária ao que é geralmente conhecido como "bom senso". E advertimos todos os alunos para que tenham a certeza de compreender o Paradoxo Divino do Absoluto e do Relativo, para que não fiquem enredados no lamaçal das Meias Verdades. Particularmente, esta lição foi escrita com esse objetivo. Estude-a atentamente!

O primeiro pensamento que vem à mente do homem que analisa este assunto, depois que ele percebe a verdade de que o Universo é uma Criação Mental do TODO, é que o Universo, e tudo o que ele contém, é somente uma ilusão; uma irrealidade; contra essa ideia, seus instintos se revoltam. Mas esta, como todas as outras grandes verdades, deve ser considerada tanto do ponto de vista do Absoluto quanto do Relativo. Do ponto de vista do Absoluto, é claro, o Universo tem a natureza de uma ilusão, um sonho, uma fantasmagoria, em comparação com o TODO em si. Reconhecemos isso até mesmo em nossa visão comum, pois falamos do mundo como "um espetáculo efêmero", que vem e vai, nasce e morre – pois o elemento de impermanência e de mudança, de finitude e insubstancialidade, deve estar sempre conectado com a ideia de um Universo criado, quando é contrastado com a ideia do TODO, não importa quais sejam nossas crenças sobre a natureza de ambos. Filósofo, metafísico, cientista e teólogo concordam com essa ideia, e esse conceito é encontrado em todas as formas de pensamento filosófico e de concepções religiosas, bem como nas teorias de suas respectivas escolas de metafísica e de teologia.

Portanto, os Ensinamentos Herméticos não pregam a insubstancialidade do Universo em termos mais retumbantes do que aqueles que são familiares a você, embora a apresentação do assunto sobre eles possa parecer um pouco mais surpreendente. Qualquer coisa que tenha um começo e um fim deve ser, em certo sentido, irreal e falsa, e o Universo está sob essa regra em todas as escolas de pensamento. Do ponto de vista do Absoluto, não há nada Real, exceto o TODO, não importa quais os termos que possamos usar para pensar ou discutir sobre o assunto. Quer o Universo seja criado de Matéria, quer seja ele uma Criação Mental na Mente do TODO – ele é algo insubstancial, não duradouro, algo que se sujeita ao tempo, ao espaço e às mudanças. Queremos que você compreenda este fato completamente, antes de julgar a concepção hermética da natureza mental do Universo. Pense sobre todas e quaisquer outras concepções e veja se isso não é verdade para elas também.

Mas o ponto de vista Absoluto mostra apenas um lado da imagem – o outro lado é o Relativo. A Verdade Absoluta foi definida como "todas as Coisas como a mente de Deus as conhece", enquanto a Verdade Relativa é "todas as Coisas como a razão mais elevada do Homem as entende". E assim, enquanto para O TODO o Universo deve ser irreal e ilusório, um simples sonho ou o resultado de uma meditação – para as mentes finitas, no entanto, que fazem parte desse Universo, e podem vê-lo por meio das faculdades mortais, o Universo é muito real de fato, e deve ser assim considerado. Ao reconhecer a visão Absoluta, não devemos cometer o erro de ignorar ou negar os fatos e fenômenos do Universo, conforme eles se apresentam às nossas faculdades mortais – não somos de modo algum O TODO, lembre-se bem disso.

Para usar imagens mais familiares, todos nós reconhecemos o fato de que a matéria "existe" para os nossos sentidos – e estaríamos em uma situação ruim, se não aceitássemos isso. E, mesmo assim, até as nossas mentes finitas entendem a declaração científica de que a Matéria não existe, sob um ponto de vista científico – aquilo que chamamos de Matéria é considerado apenas uma agregação de átomos, e esses átomos são apenas um agrupamento de unidades de força, chamados elétrons ou "íons", que vibram e estão em constante movimento circular. Chutamos uma pedra e sentimos o impacto dela – ela parece ser real, embora saibamos que ela é matéria como foi especificado na declaração anterior. Mas lembre-se de que nosso pé, que sente o impacto por meio de nosso cérebro, é igualmente Matéria, portanto, também constituído de elétrons, e, por falar nisso, até mesmo o nosso cérebro é assim estruturado. E, na melhor das hipóteses, se não fosse por causa da nossa Mente, não reconheceríamos o pé ou até mesmo a pedra, de forma alguma.

Por outro lado, o ideal do artista ou do escultor, que eles tentam reproduzir na pedra ou na tela, parece ser para eles muito real. O mesmo acontece com as personagens na mente do autor, ou do dramaturgo, que eles procuram expressar para que outros possam reconhecê-las. E, se isso for verdade, no caso da nossa mente finita, qual deve ser o grau de Realidade nas Imagens Mentais criadas na Mente do Infinito? Oh, meus amigos, para os mortais este Universo da Mentalidade é muito real – é o único que podemos conhecer, embora sempre estejamos em ascensão de um plano a outro, e cada vez mais alto. Para termos outra ideia a respeito, por experiência real, devemos ser o próprio TODO. É verdade que, quanto mais subirmos na escala – quanto mais próximos da "Mente do Pai" alcançarmos – mais aparente se tornará a natureza ilusória das coisas finitas, mas quando O TODO finalmente nos retirar para si mesmo, essa visão de ilusão realmente desaparecerá.

Não precisamos insistir mais nesse aspecto da ilusão. Em vez disso, vamos reconhecer a natureza real do Universo, procurar compreender suas leis mentais e nos esforçar para usá-las da melhor forma no nosso progresso ascendente ao longo da vida, à medida que viajamos de um plano para outro do Ser. As Leis do Universo não são de modo algum "Leis de Ferro" por causa da natureza mental. Todos, exceto O TODO, são limitados por elas. O que está NA MENTE INFINITA DO TODO é REAL em um certo grau, e perde apenas para a própria Realidade que está investida na natureza do TODO.

Portanto, não se sinta inseguro ou com medo – estamos todos FIRMEMENTE SEGUROS NA MENTE INFINITA DO TODO, e não há nada que nos machuque ou que possamos temer. Não há nenhum poder fora do TODO para nos afetar. Assim, podemos descansar calmos e seguros. Há um mundo de conforto e de segurança nesta realização, uma vez que ela seja alcançada. Então, "calmos e cheios de paz nós dormimos, embalados no Berço das Profundezas" – descansando com segurança no seio do Oceano da Mente Infinita, que é O TODO. No TODO, de fato, "vivemos, nos movemos e temos a nossa existência".

A Matéria também é Matéria para nós, enquanto habitamos no plano da Matéria, embora saibamos que ela é apenas uma agregação de "elétrons", ou de partículas de Força, que vibram rapidamente e giram em torno umas das outras na formação de átomos; os átomos, por sua vez, vibram e giram, formando moléculas, as quais, por sua vez, formam massas maiores de matéria. Nem a Matéria se torna menos Matéria quando levamos a investigação ainda mais longe, e aprendemos com os Ensinamentos Herméticos que a "Força", da qual os elétrons são apenas unidades, é tão-somente uma manifestação da Mente do TODO e, como tudo o mais no Universo, é puramente mental em sua natureza. Enquanto no Plano da Matéria devemos reconhecer seus fenômenos – podemos controlar a Matéria (como todos os Mestres de grau superior ou inferior fazem), mas devemos fazer isso aplicando as Forças Superiores. Cometemos uma loucura quando tentamos negar a existência da Matéria no aspecto relativo. Podemos até negar seu domínio sobre nós – e com razão – mas não devemos tentar ignorá-la em seu aspecto relativo, pelo menos enquanto residirmos no seu plano.

Nem as Leis da Natureza se tornam menos constantes ou eficazes, quando sabemos que, da mesma forma, elas são somente criações mentais. Elas estão em pleno vigor nos vários planos. Superamos as leis inferiores, aplicando outras ainda mais elevadas – e assim por diante. Mas não podemos escapar da Lei ou nos elevar totalmente acima dela. Nada, além do TODO, pode escapar da Lei – e isso porque O TODO é a própria LEI, da qual todas as Leis emergem. Os Mestres mais avançados podem adquirir os poderes geralmente atribuídos aos deuses dos homens; e existem incontáveis níveis de existência, na grande hierarquia da vida, cujo ser e poder transcendem até mesmo os dos Mestres mais elevados entre os homens, em um grau até mesmo impensável para os mortais; porém, mesmo o Mestre ou o Ser mais elevado deve se curvar perante a Lei, e é como o Nada aos olhos do TODO. Deste modo, se até mesmo esses Seres mais elevados, cujos poderes excedem aqueles atribuídos pelos homens aos seus deuses – se mesmo estes estão vinculados e são subservientes à Lei, então imagine a presunção do homem mortal, da nossa raça e grau, quando ousa considerar as Leis da Natureza como "irreais", visionárias e ilusórias, porque ele passa a ser capaz de compreender a verdade segundo a qual as Leis são de natureza Mental, e são simplesmente Criações Mentais do TODO. Aquelas Leis regidas pelo TODO não devem ser desafiadas ou contestadas. Enquanto o Universo durar, elas durarão – pois o Universo existe em virtude dessas Leis que formam sua estrutura e que o mantêm coeso.

O Princípio Hermético do Mentalismo, por exemplo, embora explique a verdadeira natureza do Universo, sobre o princípio de que tudo é mental, não muda as concepções científicas sobre o Universo, a Vida ou a Evolução. Na verdade, a ciência apenas corrobora os Ensinamentos Herméticos. Esse último somente ensina que a natureza do Universo é "mental", enquanto a ciência moderna ensinou que ela é "Material"; ou (ultimamente) que é "Energia", em última análise. Os Ensinamentos Herméticos não têm nenhuma falha a encontrar no princípio básico de Herbert Spencer,[1] que postula a existência de uma "Energia Infinita e Eterna, da qual todas as coisas procedem". Na verdade, os hermetistas reconhecem na filosofia de Spencer a mais elevada declaração do funcionamento das Leis Naturais que já foi promulgada, e eles acreditam que Spencer foi uma reencarnação de um antigo filósofo que morou no Antigo Egito há milhares de anos, e que, mais tarde, encarnou como Heráclito, o filósofo grego que viveu em 5oo a.C. Sua afirmação da "Energia Infinita e Eterna" é considerada de acordo com a linha dos Ensinamentos Herméticos, sempre com o acréscimo da sua própria doutrina de que a sua "Energia" é a Energia da Mente do todo. Com a Chave Mestra da Filosofia Hermética, o aluno de Spencer poderá abrir muitas portas das concepções filosóficas intrínsecas do grande filósofo inglês, cuja obra mostra os resultados da preparação efetuada em suas encarnações anteriores. Seus ensinamentos sobre Evolução e Ritmo estão em quase perfeita concordância com os Ensinamentos Herméticos sobre o Princípio do Ritmo.

---

1   Herbert Spencer, filósofo inglês (1820-1903) e principal representante do evolucionismo nas ciências humanas. Autor da célebre expressão "Sobrevivência do mais apto", muitas vezes atribuída a Charles Darwin. (N.E.)

O estudante do Hermetismo não precisa deixar de lado nenhuma de suas estimadas opiniões científicas a respeito do Universo. Tudo o que ele deve fazer é compreender este princípio subjacente: "O TODO É A MENTE; o Universo é Mental, e está contido na Mente do TODO". Ele descobrirá que os outros seis dos Sete Princípios se "encaixarão" em seu conhecimento científico e servirão para revelar os pontos obscuros e lançar luz em todos os recantos ocultos. Não é de se admirar que nós percebemos a influência do pensamento hermético nos primeiros filósofos da Grécia, o que influenciou amplamente os fundamentos das teorias da ciência moderna. A aceitação do Primeiro Princípio Hermético (o Mentalismo) é o único grande ponto de divergência entre a Ciência Moderna e os estudantes Hermetistas, e a Ciência está aos poucos se movendo em direção à posição Hermética, tateando na busca por uma saída do Labirinto no qual ela tem vagado à procura da Realidade.

O propósito desta lição é imprimir na mente dos nossos alunos o fato de que, para todos os intentos e propósitos, o Universo e suas Leis, assim como os seus fenômenos, são tão REAIS, no que diz respeito ao Homem, como eles seriam sob as hipóteses do materialismo ou do energismo. Sob qualquer hipótese, o Universo, em seu aspecto externo, está em constante mudança, transitório, sempre fluindo – e, portanto, desprovido de substancialidade e de realidade. Mas (observe o outro polo da verdade), sob qualquer uma das mesmas hipóteses, somos compelidos a AGIR e a VIVER como se as coisas passageiras fossem reais e substanciais. Com esta diferenciação, sempre, entre as várias hipóteses – sob um ponto de vista antigo, o Poder Mental era ignorado como uma Força Natural, enquanto sob o Mentalismo ele se torna a Maior Força Natural que existe. E esta única diferença revoluciona toda a Vida para aqueles que entendem o Princípio e suas leis e práticas resultantes.

Finalmente, falamos a todos os alunos, aproveitem as vantagens do Mentalismo e aprendam a conhecer, usar e aplicar as leis que dele resultam. Mas não cedam à tentação porque, como afirma *O Caibalion*, a verdade vence os falsos sábios e os hipnotiza pela aparente irrealidade das coisas; como consequência, eles vagam como pessoas num sonho, e vivem em um mundo de sonhos, ignorando o trabalho prático e a vida do homem, e "eles serão quebrados contra as rochas e despedaçados pelos elementos, em razão da sua loucura". Em vez disso, sigam o exemplo do sábio, que segue o que a autoridade declara: "Use a Lei contra as Leis; o superior contra o inferior; e, pela Arte da

Alquimia, transmute o que é indesejável naquilo que é digno e, assim, triunfe". Seguindo a autoridade, evitamos a falsa sabedoria (que não passa de insensatez), que ignora a verdade segundo a qual: "A Maestria não consiste em sonhos, visões e imaginações ou vivências fantásticas, mas em usar as forças superiores contra as inferiores". Lembre-se sempre, discípulo, de que "a transmutação, não a negação presunçosa, é a arma do Mestre". As citações anteriores são de *O Caibalion* e são dignas de ser memorizadas pelo aluno.

Não vivemos em um mundo de sonhos, mas em um Universo que, embora relativo, é real no que diz respeito às nossas vidas e ações. Nosso propósito no Universo não é negar sua existência, mas VIVER nele, usando as Leis para nos elevar de um nível mais baixo para um mais alto – vivendo, fazendo o melhor que podemos sob as circunstâncias que surgem a cada dia e vivendo, tanto quanto possível, de acordo com nossas ideias e ideais mais elevados. O verdadeiro significado da vida não é conhecido pelos homens neste plano – talvez, de fato, por alguns poucos – mas as mais altas autoridades e nossas próprias intuições nos ensinam que não cometeremos erros se vivermos de acordo com o que há de melhor em nós, tanto quanto for possível, percebendo a tendência universal na mesma direção, apesar das aparentes evidências em contrário. Estamos todos no Caminho – e a estrada conduz sempre para cima, com frequentes lugares para o descanso.

Leia a Mensagem de *O Caibalion* – e siga o exemplo do "sábio" – evitando o erro do "falso sábio", que perece por causa de sua tolice.

"O Todo" em Tudo

*"Tanto quanto Tudo está no TODO, é
igualmente verdade que O TODO está em
Tudo. Aquele que entender realmente essa
verdade, alcançou o grande conhecimento."*

O CAIBALION

Quantas vezes a maioria das pessoas já ouviu repetidamente a declaração de que a sua Divindade (seja qual for o nome que lhe dão) era "O Todo em Tudo", e quão poucas delas suspeitaram da verdade oculta, escondida por essas palavras pronunciadas aleatoriamente? Essa expressão comumente usada é um resquício da antiga Máxima Hermética citada na epígrafe. Como diz *O Caibalion*: "Aquele que realmente entender esta verdade, alcançou um grande conhecimento". E, sendo assim, busquemos essa verdade, cuja compreensão tem um grande significado. Nessa afirmação da verdade – contida na Máxima Hermética – está oculta uma das maiores verdades filosóficas, científicas e religiosas que existem.

Já demos a você o Ensinamento Hermético sobre a Natureza Mental do Universo – a verdade de que "o Universo é Mental – contido na Mente do TODO". Como diz *O Caibalion*, na passagem citada anteriormente: "Tudo está no TODO". Mas observe também a afirmação relacionada a ela: "É igualmente verdade que O TODO está em TUDO". Essa afirmação aparentemente contraditória é conciliável sob a luz da Lei do Paradoxo. Além disso, ela é uma declaração Hermética exata das relações existentes entre O TODO e o seu Universo Mental. Vimos como "Tudo está no TODO" – agora vamos examinar o outro aspecto do assunto.

Os Ensinamentos Herméticos nos levam ao entendimento de que O TODO é Imanente ("permanece dentro; é inerente; habita internamente") no seu Universo, e o mesmo ocorre em cada parte, partícula, unidade ou combinação, dentro do Universo. Essa afirmação é geralmente exemplificada pelos Professores por uma referência ao Princípio da Correspondência. O Professor instrui o aluno a criar uma imagem mental de alguma coisa, de uma pessoa, de uma ideia, de algo que tenha uma forma mental, sendo o seu exemplo favorito aquele que cita o autor ou o dramaturgo formando uma ideia sobre as suas personagens; ou o pintor ou o escultor criando a imagem de um ideal que ele deseja expressar como o objetivo da sua arte. Em cada caso, o aluno descobrirá que, embora a imagem tenha a sua existência, isso, é claro, apenas dentro da sua própria mente, ou na do autor, do dramaturgo, do pintor ou do escultor, ela é, em certo sentido, imanente neles; ela é uma imagem que permanece dentro deles. Em outras palavras, toda virtude, vida e espírito de realidade na imagem mental é derivada da "mente imanente" do pensador. Considere isso por um momento, até que a ideia possa ser apreendida.

Para tomar um exemplo moderno, digamos que Otelo, Iago, Hamlet, Lear e Ricardo III existiam apenas na mente de Shakespeare, na época de sua concepção ou criação. Do mesmo modo, Shakespeare também existia dentro de cada uma dessas personagens, dando-lhes vitalidade, espírito e ação. De quem é o "espírito" das personagens que conhecemos como Micawber, Oliver Twist, Uriah Heep – de Dickens, ou de cada uma dessas personagens, que têm um espírito pessoal, independente de seu criador? A Vênus de Médici, a Madonna Sistina, o Apolo de Belvedere são espíritos e realidades próprias, ou eles representam o poder espiritual e mental de seus criadores? A Lei do Paradoxo explica que ambas as proposições são verdadeiras, vistas de pontos de vista diversos, porém adequados. Micawber é tanto Micawber quanto Dickens. E, novamente, enquanto Micawber pode ser considerado Dickens, Dickens não é idêntico a Micawber. O homem, como Micawber, pode exclamar: "O Espírito do meu Criador é imanente em mim – e, ainda assim, eu não sou ELE!". Como isso é diferente da chocante meia-verdade anunciada com tanta veemência por alguns falsos sábios, que proclamam aos gritos: "Eu sou Deus!". Imagine o pobre Micawber, ou o sorrateiro Uriah Heep, gritando: "Eu Sou Dickens"; ou alguns dos humildes incautos de uma das peças de Shakespeare, anunciando aos quatro ventos: "Eu Sou Shakespeare!". O TODO está na minhoca, e ainda assim a minhoca está infinitamente longe de ser O TODO. Mesmo assim, a maravilha permanece: embora a minhoca exista apenas como um ser humilde, criado e tendo seu ser inserido na Mente do TODO, O TODO é imanente na minhoca, tanto quanto nas partículas que a formam. "Tudo está no TODO; e O TODO está em Tudo." Pode haver mistério maior do que esse?

O aluno irá, naturalmente, perceber que os exemplos dados acima são obviamente imperfeitos e inadequados, pois representam a criação de imagens mentais realizadas por mentes finitas, ao passo que o Universo é uma criação da Mente Infinita – e a diferença entre os dois polos as separa. No entanto, isso é apenas uma questão de grau – o mesmo Princípio está em operação em ambos os casos – o Princípio da Correspondência se manifesta em cada um deles – "Tudo o que está acima, também está Abaixo; como tudo o que está Abaixo, também está acima".

E, na medida em que o homem percebe a existência do Espírito Interior Imanente em seu ser, ele se eleva na escala espiritual da vida. Isso é o que significa o desenvolvimento espiritual – o reconhecimento, a compreensão e a manifestação do Espírito dentro de nós. Tente se lembrar desta última definição – a do desenvolvimento espiritual. Ela contém a Verdade da Verdadeira Religião.

Há muitos planos de Existência – e diversos subplanos de Vida – além de muitos graus de existência no Universo. E tudo depende do avanço dos seres na escala evolutiva, cujo ponto mais baixo é a matéria mais grosseira, sendo o plano mais alto aquele separado apenas pela mais tênue divisão em relação ao ESPÍRITO DO TODO. E, para cima e para frente, ao longo dessa Escala da Vida, tudo está se movendo o tempo todo. Todos estão no Caminho, cujo fim é O TODO. Todo o progresso é um retorno ao lar. Tudo está na direção que leva para cima e para frente, apesar de todas as aparências supostamente serem contraditórias. Essa é a mensagem dos Iluminados.

Os Ensinamentos Herméticos referentes ao processo de Criação Mental do Universo declaram que, no início do Ciclo Criativo, O TODO, em seu aspecto de "Ser", projetou a sua Vontade em relação ao seu aspecto de "Tornar-se", e o processo da criação iniciou a partir daí. É ensinado que o processo consiste na redução da Vibração até que um grau muito baixo de energia vibratória seja alcançado, o ponto no qual a forma mais grosseira possível da Matéria se manifesta. Esse processo é chamado de Estágio de Involução, no qual O TODO se torna "implicado" ou "envolvido" em sua própria criação. Os hermetistas acreditam que esse processo corresponde ao processo mental de um artista, escritor ou inventor, que se torna tão envolvido em sua criação mental, a ponto de se esquecer da sua própria existência e, por esse período, quase "vive preso na sua criação". Se, em vez de "envolvido", usarmos a palavra "arrebatado", talvez possamos dar uma ideia melhor do que esse processo significa.

Esse estágio Involutivo da Criação é algumas vezes chamado de "Efusão" (o derramamento) da Energia Divina, assim como o estado Evolutivo é chamado de "Infusão" (a concentração) da mesma Energia. O polo extremo do processo Criativo é aquele considerado o mais distante do TODO, enquanto o começo do estágio Evolutivo é considerado como o início da oscilação de retorno do pêndulo do Ritmo – algo como a ideia de "voltar para casa", que é presente em todos os Ensinamentos Herméticos.

Os Ensinamentos mostram que, durante a "Efusão", as vibrações tornam-se cada vez mais baixas, até que finalmente o impulso cessa e o movimento de retorno começa. Mas há uma diferença: enquanto no estágio de "Involução", ou de "Efusão", as forças criativas se manifestam compactas e se espalham como um todo, no início do estágio "Evolutivo", ou de "Infusão", manifesta-se a Lei da Individualização – isto é, há a tendência do todo separar-se em Unidades de Força, para que, finalmente, tudo aquilo que deixou O TODO como energia não individualizada volte à sua fonte como incontáveis Unidades de Vida altamente desenvolvidas, que sobem mais e mais na escala por meio da Evolução Física, Mental e Espiritual.

Os antigos hermetistas usam a palavra "Meditação" para descrever o processo de criação mental do Universo na Mente do TODO, a palavra "Contemplação" também é frequentemente empregada. Mas a ideia pretendida parece ser a do emprego do termo Atenção Divina. "Atenção" é uma palavra derivada da raiz latina, que significa "estender a mão; esticar-se" e, portanto, o ato da Atenção é realmente um "estender da mão; uma extensão" da energia mental, de modo que essa ideia subjacente e mais completa é prontamente compreendida quando examinamos o real significado da palavra "Atenção".

Os Ensinamentos Herméticos a respeito do processo de Evolução falam que O TODO medita sobre o início da Criação – e assim estabelece os fundamentos materiais do Universo – tendo pensado na existência – então, gradualmente, desperta de sua Meditação e, ao fazer assim, dá início à manifestação do processo de Evolução, nos planos material, mental e espiritual, sucessivamente e em ordem. Assim, o movimento ascendente inicia – e tudo começa a se mover em direção ao Espírito. A matéria se torna menos grosseira; as unidades nascem; as combinações começam a se formar; a vida aparece e se manifesta em formas cada vez mais elevadas; e a Mente torna-se cada vez mais evidente – as vibrações aumentam cada vez mais. Em suma, toda a Evolução, em todas as suas fases, começa e prossegue, até se completar o processo, de acordo com as Leis estabelecidas no processo de "Infusão". Tudo isso leva éons e éons do tempo do Homem, sendo que cada éon contém incontáveis milhões de anos, mas, ainda assim, os Iluminados nos informam que toda a Criação, incluindo a Involução e a Evolução, de um Universo, é apenas "como um piscar de olhos" para O TODO. Ao final de incontáveis ciclos de éons de tempo, O TODO tira a sua Atenção, a sua Contemplação e a sua Meditação do Universo, pois a Grande Obra está terminada, e Tudo é retirado do TODO do qual emergiu. Mas ainda existe o Mistério dos Mistérios – o Espírito de cada alma não é aniquilado, mas é infinitamente expandido – e a Criatura e o Criador se fundem. Assim é o relato dos Iluminados!

O esclarecimento acima sobre a "meditação" e o subsequente "despertar da meditação" do TODO é, obviamente, apenas uma tentativa dos Professores de descrever o processo Infinito por meio de um exemplo finito. E, ainda: "Tudo o que está Abaixo, também está Acima". A diferença é apenas no grau. E, assim como O TODO se levanta e sai do processo de meditação sobre o Universo, o Homem (com o tempo) deixa de se manifestar no Plano Material e se retira cada vez mais no Espírito Interior, que é na verdade "O Ego Divino".

Há mais um assunto sobre o qual desejamos falar nesta lição, e que chega muito perto de uma invasão no campo da especulação metafísica, embora nosso propósito seja apenas o de mostrar a futilidade de tal especulação. Fazemos referência à questão que inevitavelmente vem à mente de todos os pensadores que se aventuraram a buscar a Verdade. E a questão é: "POR QUE O TODO cria Universos?" A pergunta pode ser feita de diferentes formas, mas a essência da investigação está resumida na indagação acima.

Os homens têm se esforçado muito para responder a essa pergunta, mas ainda não há uma resposta digna de ser reconhecida. Alguns imaginaram que talvez O TODO tenha algo a ganhar com isso, mas isso é um absurdo: o que O TODO poderia ganhar que já não possui? Outros buscaram a resposta na ideia de que O TODO "deseja algo para que possa amar"; e outros ainda dizem que cria para seu prazer ou diversão; ou porque se sente "solitário"; ou para manifestar o seu poder; – sendo que todas essas explicações e ideias são pueris, e ainda pertencem ao período infantil do pensamento.

Outros procuraram explicar o mistério, assumindo que O TODO se viu "compelido" a criar, em razão de sua própria "natureza interior" – do seu "instinto criativo". Essa ideia está à frente das demais, mas seu ponto fraco está na noção de O TODO ser "compelido" por qualquer coisa, interna ou externamente. Se sua "natureza interior" ou "instinto criativo" o compelisse a fazer qualquer coisa, então a "natureza interior" ou "instinto criativo" seria o Absoluto, no lugar do TODO, e, portanto, essa parte da proposição cai por terra, pois ela não é possível. E, mesmo assim, O TODO cria e se manifesta, e parece encontrar algum tipo de satisfação em fazê-lo. E é difícil escaparmos à conclusão de que, em algum grau infinito, deve haver o que corresponderia no homem a uma "natureza interior", ou "instinto criativo", com o correspondente Desejo e Vontade infinitos. Não poderia agir, a menos que quisesse agir; e não quereria agir, a menos que desejasse agir; e não desejaria agir, a menos que obtivesse alguma satisfação com isso. E todas essas coisas pertenceriam a uma "Natureza Interior" e poderiam ser postuladas como existentes, de acordo com a Lei da Correspondência. Mas, ainda assim, preferimos pensar que O TODO age de modo inteiramente LIVRE de qualquer influência, tanto interna quanto externamente. Esse é o problema que está na raiz da dificuldade – e também a dificuldade que está na raiz do problema.

Estritamente não se pode dizer que haja qualquer "Razão" para O TODO agir, pois uma "razão" implicaria naturalmente uma "causa", e O TODO está acima da Lei de Causa e Efeito, exceto quando existe o seu Desejo de tornar-se uma Causa, e nesse momento o Princípio é posto em movimento. Como você pode ver, a questão é impensável, assim como O TODO é Incognoscível. Da mesma maneira que dizemos que O TODO simplesmente

"É" – somos levados a dizer que "O TODO ATUA PORQUE ELE ASSIM DESEJA". Por fim, O TODO é toda a razão em si mesmo; Toda a lei em si; Toda a ação em si – e, podemos dizer, verdadeiramente, que O TODO é a sua própria razão; a sua própria lei; a sua própria ação – ou, ainda mais, que O TODO, a sua razão e a sua ação são a Lei; e são UM, sendo todos nomes para a mesma coisa. Na opinião de quem está lhe dando estas lições, a resposta está encerrada no EU INTERIOR DO TODO, junto com seu Segredo de Ser. A Lei da Correspondência, em nossa opinião, atinge apenas aquele aspecto do TODO que pode ser chamado de "O Aspecto de TORNAR-SE". Por trás desse aspecto está "O Aspecto de SER", no qual todas as Leis são diluídas na LEI; todos os Princípios se fundem no PRINCÍPIO. O TODO, O PRINCÍPIO e O SER são IDÊNTICOS, UM E O MESMO. Enfim, a especulação metafísica sobre este ponto é considerada fútil. Nós entramos nesse assunto aqui apenas para mostrar que reconhecemos essa questão, e que também sabemos do absurdo das respostas comuns dadas pela metafísica e pela teologia para explicá-lo.

Concluindo, pode ser do interesse de nossos alunos aprender que, embora alguns dos antigos e modernos Professores Herméticos tenham se inclinado na direção de aplicar o Princípio da Correspondência a essa questão, com a resposta da "Natureza Interior" como conclusão, – as lendas declaram que HERMES, o Grande, quando seus alunos avançados fizeram a ele essa pergunta, respondeu-lhes PRESSIONANDO SEUS LÁBIOS E FECHANDO-OS BEM, e não disse uma palavra, indicando que NÃO HAVIA RESPOSTA. Nesse caso, talvez ele tenha pretendido aplicar o axioma de sua filosofia, segundo o qual: "Os lábios da Sabedoria estão fechados, exceto para os ouvidos do Entendimento", afirmando que mesmo seus alunos avançados não possuíam o Entendimento que lhes daria o direito ao Ensino. De qualquer forma, se Hermes possuía o Segredo, ele falhou em comunicá-lo, e, no que diz respeito ao mundo, OS LÁBIOS DE HERMES ESTÃO FECHADOS em relação a ele. E, sobre os assuntos que o Grande Hermes hesitou em falar, que mortal se atreveria a ensinar?

Lembre-se, porém, qualquer que seja a resposta para esse problema, se de fato houver uma resposta – a verdade permanece: "Tanto quanto Tudo está no TODO, é igualmente verdade que o TODO está em Tudo". O Ensinamento neste ponto é enfático. E, podemos adicionar as palavras finais da citação: "Aquele que realmente entender essa verdade alcançou um grande conhecimento".

8

Os Planos de Correspondência

*"Tudo o que está acima, também
está abaixo; como tudo o que está
abaixo, também está acima."*

O CAIBALION

O Segundo Grande Princípio Hermético incorpora a verdade segundo a qual há um acordo de harmonia e de correspondência entre os vários planos de Manifestação, da Vida e do Ser. Essa é uma verdade, porque tudo o que está incluído no Universo emana da mesma fonte, e as mesmas leis, princípios e características se aplicam a cada unidade ou à combinação de unidades de atividade, já que cada uma manifesta seus próprios fenômenos em seu próprio plano.

Para efeito de facilitar a compreensão, a Filosofia Hermética considera que o Universo pode ser dividido em três grandes classes de fenômenos, conhecidas como os Três Grandes Planos, a saber:

I. O Grande Plano Físico.
II. O Grande Plano Mental.
III. O Grande Plano Espiritual.

Essas divisões são mais ou menos artificiais e arbitrárias, pois a verdade é que todas elas são somente graus ascendentes da grande escala da Vida, onde o ponto mais baixo é o da Matéria indistinta, e o ponto mais alto é o do Espírito. E, ademais, os diferentes Planos se misturam, de forma que nenhuma divisão estanque e rápida pode ser feita entre os fenômenos superiores do plano Físico e aqueles inferiores do Mental; ou entre os superiores do Mental e os inferiores do Espiritual.

Em resumo, os Três Grandes Planos podem ser considerados como três grandes grupos de graus de Manifestação da Vida. Embora o propósito deste pequeno livro não nos permita entrar em uma discussão extensa ou em uma explicação da natureza desses diferentes planos, consideramos que seria adequado descrevê-los de forma geral neste momento.

Para início de conversa, podemos também considerar a pergunta tantas vezes feita pelo neófito, que deseja ser informado sobre o significado da palavra "Plano", termo que tem sido usado com muita liberdade e que é muito mal explicado em muitos dos trabalhos recentes sobre ocultismo. A questão geralmente é a seguinte: "Um plano é um lugar que tem dimensões ou é apenas uma condição ou estado?" Respondemos: "Não, não é um lugar, nem uma dimensão ordinária do espaço; e ainda é mais do que um estado ou uma condição. Pode até ser considerado como um estado ou condição, mas o estado ou condição é um grau de dimensão, em uma escala sujeita a medição". Um tanto paradoxal, não é? Mas vamos examinar o assunto. Uma "dimensão", no sentido literal, todos sabemos, é "uma extensão de espaço que pode ser medida". As dimensões comuns do espaço são o comprimento, a largura e a altura, ou, até mesmo, o comprimento, a largura, a altura, a espessura ou a circunferência. Mas há outra dimensão de "coisas criadas" ou de "extensão mensurável", conhecida pelos ocultistas e também pelos cientistas, embora estes ainda não tenham aplicado o termo "dimensão" a ela – e essa nova dimensão, que, a propósito, é chamada de "Quarta Dimensão", termo muito especulado, é o padrão usado para determinar os graus ou os "planos".

Esta Quarta Dimensão pode ser chamada de "Dimensão da Vibração". É um fato bem conhecido da ciência moderna, bem como dos hermetistas, que incorporaram a verdade em seu "Terceiro Princípio Hermético", segundo a qual "tudo está em movimento; tudo vibra; nada está em repouso". Desde a manifestação mais elevada até a mais baixa, tudo e todas as coisas Vibram. Elas não somente vibram em diferentes faixas de movimento, mas também em diferentes direções e de maneiras diversas. Os graus da "frequência" de vibrações constituem os graus de medição na Escala de Vibrações – em outras palavras, os graus da Quarta Dimensão. E esses graus formam o que os ocultistas chamam de "Planos". Quanto mais alto o grau de vibração, mais alto o plano e mais alta a manifestação da Vida que ocupa esse plano. Desse modo, embora um plano não seja "um lugar", nem mesmo "um estado ou condição", ele possui qualidades que são comuns a ambos. Teremos mais coisas a dizer sobre este assunto da Escala de Vibrações em nossas próximas lições, nas quais consideraremos o Princípio Hermético da Vibração.

Você precisa se lembrar, no entanto, que os Três Grandes Planos não são divisões reais dos fenômenos do Universo, mas apenas termos arbitrários usados pelos Hermetistas, a fim de ajudar na compreensão do pensamento e no estudo dos vários graus e formas de atividade do Universo e da Vida. O átomo da matéria, a unidade de força, a mente do homem e a existência do arcanjo estão todos em uma escala, e são todos fundamentalmente iguais, e a diferença entre eles é apenas uma questão de grau e de faixa de vibração – todos são criações do TODO e têm sua existência unicamente na Mente Infinita do TODO.

Os Hermetistas dividem cada um dos Três Grandes Planos em Sete Planos Menores, e cada um destes últimos também são subdivididos em sete subplanos, que interagem uns com os outros. Mais uma vez, todas essas divisões são mais ou menos arbitrárias, adotadas apenas para facilitar o estudo científico e o pensamento a respeito do assunto.

O Grande Plano Físico, e seus Sete Planos Menores, é a parte dos fenômenos do Universo que inclui tudo o que se relaciona com o aspecto físico, ou com as coisas materiais, as suas forças e manifestações. Inclui todas as formas daquilo que chamamos de Matéria e todas as formas daquilo que chamamos de Energia ou Força. Você deve se lembrar, no entanto, que a Filosofia Hermética não reconhece a Matéria como uma "coisa em si", ou como algo que tem uma existência separada na Mente do TODO. Os Ensinamentos indicam que a Matéria é apenas uma forma de Energia – isto é, ela é Energia em uma baixa frequência de vibração. E, consequentemente, os Hermetistas classificam a Matéria sob o título de Energia, e atribuem a ela três dos Sete Planos Menores do Grande Plano Físico.

Os Sete Planos Físicos Menores são os seguintes:

I. O Plano da Matéria (A).
II. O Plano da Matéria (B).

III. O Plano da Matéria (C).

IV. O Plano da Substância Etérea.

V. O Plano da Energia (A).

VI. O Plano da Energia (B).

VII. O Plano da Energia (C).

O Plano da Matéria (A) compreende as formas da Matéria nos estados sólido, líquido e gasoso, como geralmente é reconhecido pelos livros de física. O Plano da Matéria (B) compreende certas formas superiores e mais sutis da Matéria, cuja existência a ciência moderna está agora reconhecendo, os fenômenos da Matéria Radiante, em suas fases radiantes, e outros, pertencentes à subdivisão inferior deste Plano Menor. O Plano da Matéria (C) compreende as formas da Matéria mais sutis e tênues, cuja existência não é do conhecimento dos cientistas comuns. O Plano da Substância Etérea compreende aquilo que a ciência chama de "Éter", uma substância extremamente rarefeita e elástica, que permeia todo o Espaço Universal e atua como um meio para a transmissão das ondas de energia, como a luz, o calor, a eletricidade, entre outros. Essa substância etérea forma um elo entre a Matéria (assim chamada) e a Energia, e participa da natureza de cada uma delas. Os Ensinamentos Herméticos, entretanto, instruem que esse plano tem sete subdivisões (como todos os Planos Menores), e que, de fato, há sete éteres, em vez de apenas um.

Em seguida, acima do Plano da Substância Etérea, vem o Plano de Energia (A), que compreende as formas comuns de Energia conhecidas pela ciência e seus sete subplanos, que são, respectivamente, Calor; Luz; Magnetismo; Eletricidade e Atração (incluindo Gravitação, Coesão, Afinidade Química e outras) e várias outras formas de energia indicadas por experimentos científicos, mas ainda não nomeadas ou classificadas. O Plano da Energia (B) compreende sete subplanos de formas superiores de energia ainda não descobertas pela ciência, mas que foram chamadas de "Forças Mais Sutis da Natureza", e que são postas em operação nas manifestações de certos tipos de fenômenos mentais, e pelas quais tais fenômenos se tornam possíveis. O Plano da Energia (C) compreende sete subplanos de energia tão altamente organizados, que carregam muitas das características da "vida", mas que não são reconhecidos pela mente humana no plano ordinário de desenvolvimento, e estão disponíveis para o uso exclusivo dos Seres do Plano Espiritual – tal energia é impensável para o homem comum e pode ser considerada como "um poder divino". Os seres que os empregam são como "deuses", se comparados até mesmo aos tipos humanos mais elevados que conhecemos.

O Grande Plano Mental compreende aquelas formas de "coisas vivas", conhecidas por nós na vida cotidiana, bem como certas outras formas não tão conhecidas, exceto pelos ocultistas. A classificação dos Sete Planos Mentais Menores é mais ou menos satisfatória e arbitrária (a menos que acompanhada por explicações elaboradas que são estranhas ao propósito deste trabalho em particular), mas podemos também mencioná-los. Eles são os seguintes:

I. O Plano da Mente Mineral.
II. O Plano da Mente Elemental (A).
III. O plano da Mente Vegetal.
IV. O Plano da Mente Elemental (B).
V. O Plano da Mente Animal.
VI. O Plano da Mente Elemental (C).
VII. O Plano da Mente Humana.

O Plano da Mente Mineral compreende os "estados ou condições" das unidades, entidades ou grupos, e combinações das mesmas, que animam as formas que conhecemos como "minerais, substâncias químicas, entre outros". Essas entidades não devem ser confundidas com as próprias moléculas, átomos e corpúsculos, sendo estes últimos apenas os corpos materiais ou formas dessas entidades, assim como o corpo de um homem é apenas sua forma material, e não "ele mesmo". Essas entidades podem ser chamadas de "almas", em um certo sentido, e são seres vivos de um baixo grau de desenvolvimento, vida e mente – apenas um pouco mais do que as unidades de "energia viva" que compreendem as subdivisões superiores do Plano Físico. O pensamento mediano geralmente não atribui a posse da mente, alma ou vida ao reino mineral, mas todos os ocultistas reconhecem a existência das mesmas, e a ciência moderna está avançando rapidamente para o mesmo ponto de vista do Hermetista a esse respeito. As moléculas, átomos e corpúsculos têm seus "amores e ódios"; "gostos e aversões"; "atrações e repulsões"; "afinidades e divergências" etc., e algumas das mentes científicas modernas mais ousadas expressaram a opinião de que o desejo e a vontade, assim como as emoções e os sentimentos dos átomos diferem apenas em grau daqueles experimentados pelos homens. Não temos tempo ou espaço para discutir esse assunto aqui. Todos os ocultistas sabem que isso é um fato, e outros referem-se a alguns dos trabalhos científicos mais recentes para corroboração externa. Há sete subdivisões usuais para esse plano.

O Plano da Mente Elemental (A) compreende o estado, condição e o grau de desenvolvimento mental e vital de uma classe de entidades desconhecidas pelo homem comum, mas reconhecidas pelos ocultistas. Elas são invisíveis aos sentidos comuns do homem, mas, no entanto, existem e desempenham seu papel no Drama do Universo. Seu grau de inteligência está entre o das entidades minerais e químicas, por um lado, e o das entidades do reino vegetal, por outro. Há sete subdivisões nesse plano também.

O Plano da Mente Vegetal, com suas sete subdivisões, compreende os estados ou condições das entidades que compõem os reinos do Mundo Vegetal, cujos fenômenos vitais e mentais são razoavelmente bem compreendidos pela pessoa de inteligência mediana; muitos trabalhos científicos novos e interessantes sobre a "Mente e a Vida das Plantas" foram publicados na última década. As plantas têm vida, mente e "alma", assim como os animais, o homem e o super-homem.

O Plano da Mente Elemental (B), com suas sete subdivisões, compreende os estados e condições de uma forma superior de entidades "elementares" ou invisíveis, que desempenham seu papel no trabalho geral do Universo, e cuja mente e vida fazem parte da escala entre o Plano da Mente Vegetal e o

Plano da Mente Animal, sendo que essas entidades participam da natureza de ambos.

O Plano da Mente Animal, com suas sete subdivisões, compreende os estados e condições das entidades, seres ou almas que animam as formas de vida animal, que são familiares a todos nós. Não é necessário entrar em detalhes a respeito desse reino ou plano da vida, pois o mundo animal é tão familiar para nós quanto o nosso próprio.

O Plano da Mente Elemental (C), com suas sete subdivisões, compreende entidades ou seres invisíveis, como são todas as formas elementais, que compartilham da natureza da vida animal e humana em um determinado grau e dentro de certas combinações. As formas mais elevadas têm inteligência semi-humana.

O Plano da Mente Humana, com suas sete subdivisões, compreende as manifestações de vida e mentalidade que são comuns ao Homem, em seus vários graus, classes e divisões. Com relação a isso, apontamos o fato de que o homem comum de hoje ocupa apenas a Quarta Subdivisão do Plano da Mente Humana, e apenas os mais inteligentes cruzaram as fronteiras da Quinta Subdivisão. Essa corrida levou milhões de anos para chegar a este estágio, e levará muito mais tempo para que ela avance para a Sexta e para a Sétima Subdivisões, e mais além. Lembre-se, entretanto, de que existiram raças antes de nós que passaram por esses graus e que depois seguiram para planos superiores. Nossa própria raça é a Quinta (com retardatários na Quarta Subdivisão) que pôs os pés para trilhar o Caminho. Além disso, há algumas almas avançadas da nossa própria raça que ultrapassaram as massas, e que passaram para a Sexta e para a Sétima Subdivisões, e algumas poucas estão ainda mais adiante. O homem da Sexta Subdivisão será "O Super-Homem"; o da Sétima será "O Sobre-Humano".

A respeito dos Sete Planos Mentais Menores, nos referimos apenas aos Três Planos Elementares de uma maneira geral. Não queremos entrar no assunto detalhadamente nesta obra, pois ele não pertence a essa parte da filosofia geral e dos ensinamentos. No entanto, podemos dizer algo nesse sentido para lhe dar uma ideia um pouco mais clara da relação entre esses planos com o que nos é mais familiar – a ligação entre os Planos Elementares e os Planos da Mentalidade e da Vida Mineral, Vegetal, Animal e Humana é a mesma que há entre as teclas pretas e brancas do piano. As teclas brancas são suficientes para produzir música, mas existem certas escalas, melodias e harmonias nas quais as teclas pretas desempenham seu papel e nas quais a sua presença é necessária. Eles também são necessários como "elos de ligação" da condição da alma, dos estados das entidades etc., entre os vários outros planos; certas formas de desenvolvimento podem ser alcançadas a partir deles – e esse último fato pode dar ao leitor que é capaz de "ler nas entrelinhas" uma nova luz sobre os processos da Evolução, e uma nova chave para abrir a porta secreta dos "saltos de vida" entre um reino e outro. Os grandes reinos dos Elementais são totalmente reconhecidos por todos os ocultistas, e os escritos esotéricos estão cheios de menções sobre eles. Os leitores da narrativa Zanoni,[2] de Bulwer, e de outros contos semelhantes, reconhecerão as entidades que habitam esses planos da vida.

Passando do Grande Plano Mental para o Grande Plano Espiritual, o que devemos dizer? Como podemos explicar esses estados superiores do Ser, da Vida e da Mente, para mentes ainda incapazes de apreender e compreender as subdivisões superiores do Plano da Mente Humana? A tarefa é impossível. Podemos falar sobre isso apenas em termos mais gerais. Como pode a Luz ser descrita para um cego de nascença? Ou o açúcar,

---

2 *Zanoni* é um conhecido romance ocultista escrito por Edward Bulwer-Lytton (1803-1873). A obra conta a trajetória do protagonista Zanoni na busca de conhecimentos esotéricos, adquirindo a imortalidade que será colocada à prova quando se apaixona por uma cantora de ópera. (N.E.)

para um homem que nunca provou nada doce? Ou a harmonia, para um surdo de nascença?

Tudo o que podemos dizer é que os Sete Planos Menores do Grande Plano Espiritual (e cada Plano Menor tem sete subdivisões) compreendem Seres que possuem Vida, Mente e Forma tão acima do Homem de hoje quanto este está acima da minhoca, do mineral ou mesmo de certas formas de Energia ou de Matéria. A Vida desses Seres transcende tanto a nossa, que não podemos nem mesmo pensar sobre os detalhes dela; suas Mentes transcendem tanto as nossas que, para eles, dificilmente parece que estamos "pensando", e nossos processos mentais são na visão deles quase semelhantes aos processos materiais; a natureza da Matéria da qual suas formas são compostas provém dos mais elevados Planos da Matéria, ou melhor, alguns são até mesmo considerados "revestidos de Energia Pura". O que pode ser dito a respeito de tais Seres?

Nos Sete Planos Inferiores do Grande Plano Espiritual existem Seres que podemos chamar de Anjos, Arcanjos e Semideuses. Nos Planos Inferiores mais baixos, habitam aquelas grandes almas que chamamos de Mestres e Adeptos. Acima deles, estão as Grandes Hierarquias das Hostes Angelicais, impensáveis ao nível do homem; e, acima deles, estão aqueles que podem ser chamados, sem irreverência, de "Deuses", de tão elevados que estão na escala do Ser; seu Ser, sua inteligência e poder são semelhantes àqueles atribuídos pela raça humana às suas concepções de Divindade. Esses Seres estão além até mesmo dos voos mais elevados da imaginação humana, sendo a palavra "Divino" a única aplicável a eles. Muitos desses Seres, assim como as Hostes Angelicais, têm o maior interesse nos assuntos do Universo, nos quais desempenham um papel importante. Essas Divindades Invisíveis e Ajudantes Angelicais estendem sua influência de maneira livre e poderosa no processo da Evolução e do Progresso Cósmico. Sua intervenção e assistência ocasional nos assuntos humanos levaram a muitas lendas, crenças, religiões e tradições da raça, no passado e no presente. Com frequência, eles impuseram seu conhecimento e poder ao mundo, naturalmente, tudo sob a Lei do TODO.

Ainda assim, até mesmo o mais elevado desses Seres avançados existe somente como criação da Mente do TODO e, como tudo, está sujeito aos Processos Cósmicos e às Leis Universais. Mesmo eles ainda são Mortais. Podemos chamá-los de "deuses" se quisermos, mas ainda assim eles são apenas nossos Irmãos Mais Velhos da Raça, – as almas avançadas que ultrapassaram seus irmãos e que renunciaram ao êxtase da Absorção pelo TODO, a fim de ajudar toda a raça em sua jornada ascendente ao longo do Caminho. Mas eles pertencem ao Universo e estão sujeitos às suas condições – são Mortais – e seu plano está abaixo do Espírito Absoluto.

Somente os Hermetistas mais avançados são capazes de compreender os Ensinamentos secretos a respeito do estado de existência e dos poderes manifestados nos Planos Espirituais. O fenômeno é tão mais elevado do que o dos Planos Mentais, que uma confusão de ideias certamente resultaria da tentativa de descrevê-los. Somente aqueles cujas mentes foram cuidadosamente treinadas nas linhas da Filosofia Hermética por anos – sim, aqueles que trouxeram consigo de outras encarnações o conhecimento adquirido anteriormente – podem compreender exatamente o que significa o Ensinamento a respeito dos Planos Espirituais. E muitos desses Ensinamentos Secretos são considerados pelos Hermetistas como sendo sagrados, importantes e até perigosos se disseminados para o público em geral. O estudante inteligente pode reconhecer o que queremos dizer com isso quando afirmamos que o significado de "Espírito", conforme usado pelos Hermetistas, é semelhante a "Poder Vivo"; "Força Animada"; "Essência Interior"; "Essência da Vida", entre outros, cujo significado não deve ser confundido com aquele normalmente e comumente empregado em conexão com o termo, isto é, o sentido dito "religioso; eclesiástico; espiritual; etéreo; sagrado", e assim por diante. Para os ocultistas, a palavra "Espírito" é usada no sentido de "O Princípio Animador", e traz consigo a ideia de Poder, de Energia Viva, de Força Mística etc. E os ocultistas sabem que aquilo que é conhecido por eles como "Poder Espiritual" pode ser empregado tanto para o bem quanto para o mal (de acordo com o Princípio da Polaridade), fato que é reconhecido pela maioria das religiões em suas concepções de Satanás, Belzebu, o Diabo, Lúcifer, Anjos Caídos, entre outros. E, assim, o conhecimento a respeito desses Planos foi mantido no Santo dos Santos em todas as Fraternidades Esotéricas e Ordens Ocultas – na Câmara Secreta do Templo. Mas podemos dizer aqui que aqueles que atingiram altos poderes espirituais e os usaram mal têm um terrível destino reservado para si, e a oscilação do pêndulo do Ritmo os levará inevitavelmente de volta ao extremo mais distante da existência material e, a partir desse ponto, eles deverão refazer seus passos na direção do Espírito, ao longo das rotinas cansativas do

Caminho, acompanhados da tortura adicional de ter sempre a memória persistente das alturas das quais caíram devido às suas más ações. As lendas dos Anjos Caídos têm base em fatos reais, como todos os ocultistas avançados bem o sabem. A luta pelo poder egoísta nos Planos Espirituais inevitavelmente resulta na alma egoísta perdendo seu equilíbrio espiritual e retrocedendo tanto quanto havia subido anteriormente. Entretanto, mesmo para uma alma assim é dada uma oportunidade de retorno – e tais almas acabam por fazer a viagem de volta, pagando a terrível pena de acordo com a Lei invariável para todos.

Para concluir, gostaríamos de lembrar novamente que, de acordo com o Princípio da Correspondência, que declara a verdade: "Tudo o que está Acima, também está Abaixo; como tudo o que está Abaixo, também está Acima", todos os Sete Princípios Herméticos estão em plena operação em todos os muitos planos, seja Físico, Mental ou Espiritual. O Princípio da Substância Mental, é claro, se aplica a todos os planos, pois todos são mantidos na Mente do TODO. O Princípio da Correspondência se manifesta também em todos, pois há correspondência, harmonia e concordância entre os vários planos. O Princípio de Vibração se manifesta em todos os planos; na verdade, as próprias diferenças é que fazem os "planos" surgirem da Vibração, como já explicamos. O Princípio da Polaridade se manifesta em cada plano, e os extremos dos polos são só aparentemente opostos e contraditórios. O Princípio do Ritmo se manifesta em cada plano, e o movimento dos fenômenos tem seu fluxo e refluxo, subida e descida, entrada e saída. O Princípio da Causa e Efeito se manifesta em cada plano, cada Efeito tem sua Causa e cada Causa tem seu Efeito. O Princípio de Gênero se manifesta em todos os planos, a Energia Criativa sempre se manifesta e opera ao longo das faixas dos seus Aspectos Masculino e Feminino.

"Tudo o que está Acima, também está Abaixo; como tudo o que está Abaixo, também está Acima." Este axioma hermético secular incorpora um dos grandes Princípios dos Fenômenos Universais. À medida que prosseguirmos com a nossa consideração dos Princípios restantes, veremos ainda mais claramente a verdade sobre a natureza universal desse grande Princípio da Correspondência.

9

Vibração

*"Nada está em repouso; tudo
se move; tudo vibra."*

O CAIBALION

O Terceiro Grande Princípio Hermético – o Princípio da Vibração – incorpora a verdade de que o Movimento se manifesta em tudo no Universo – que nada está em repouso – que tudo se move, vibra e circula. Este Princípio Hermético foi reconhecido por alguns dos primeiros filósofos gregos que o integraram a seus sistemas. Porém, durante séculos, ele foi perdido de vista pelos pensadores fora das fileiras Herméticas. No entanto, no século XIX, a ciência física redescobriu a verdade, e as descobertas científicas do século XX acrescentaram provas adicionais da exatidão e da verdade dessa doutrina Hermética de séculos.

Os Ensinamentos Herméticos afirmam que não somente tudo está em constante movimento e vibração, mas que também as "diferenças" entre as várias manifestações do poder universal são devidas inteiramente à variação da faixa e do modo de vibração. E não somente isso, mas que mesmo O TODO, em si, manifesta uma vibração constante de um grau infinito de intensidade e movimento tão veloz, que pode ser considerado praticamente como em repouso; os professores chamam a atenção dos alunos para o fato de que, até no plano físico, um objeto em movimento rápido (como uma roda girando) parece estar em repouso. Os Ensinamentos afirmam que o Espírito está localizado em uma extremidade do Polo de Vibração, ao passo que o outro Polo apresenta formas extremamente grosseiras de Matéria. Entre esses dois polos existem milhões e milhões de diferentes faixas e modos de vibração.

A ciência moderna provou que tudo o que chamamos de Matéria e de Energia são apenas "modulações do movimento vibratório", e alguns desses cientistas mais avançados estão se inclinando rapidamente em direção às posições dos ocultistas, para quem os fenômenos da Mente são igualmente modos de vibração ou de movimento. Vejamos o que a ciência tem a dizer sobre a questão das vibrações na Matéria e na Energia.

Em primeiro lugar, a ciência ensina que toda matéria manifesta, em algum grau, as vibrações decorrentes da temperatura ou do calor. Seja um objeto frio ou quente – ambos são apenas graus diferentes da mesma coisa – ele manifesta certas vibrações de calor e, nesse sentido, está em movimento e em vibração. Todas as partículas da Matéria estão em movimento circular, desde o corpúsculo até os sóis. Os planetas giram em torno de sóis, e muitos deles giram em seus próprios eixos. Os sóis se movem em torno de pontos centrais maiores, e acredita-se que esses também se movam ao redor de outros ainda maiores, e assim por diante, *ad infinitum*. As moléculas das quais todos os tipos de matéria são compostos estão em um estado de vibração e de movimento constantes em torno umas das outras, às vezes umas contra as outras. As moléculas são compostas de átomos, que, da mesma forma, estão em um estado de constante movimento e vibração. Os átomos são compostos de corpúsculos, às vezes chamados de "elétrons", "íons" etc., que também estão em um estado de movimento rápido, girando em torno uns dos outros, e que manifestam um estado e um modo de vibração muito rápidos. E, desse modo, podemos verificar que todas as formas de Matéria manifestam Vibração, de acordo com o Princípio Hermético da Vibração.

O mesmo processo ocorre com as várias formas de energia. A ciência ensina que a luz, o calor, o magnetismo e a eletricidade são apenas formas de movimento vibratório conectadas de alguma maneira e, provavelmente, eles são provenientes do éter. A ciência ainda não explicou a natureza dos fenômenos conhecidos como Coesão, que é o princípio da Atração Molecular; nem da Afinidade Química, que é o princípio da atração atômica; nem da Gravitação (o maior mistério dos três), que é o princípio de atração pelo qual cada partícula ou massa de Matéria está ligada a todas as demais partículas ou massas. Essas três formas de energia ainda não são totalmente compreendidas pela ciência, mas os escritores tendem à opinião de que essas também são manifestações de alguma forma de energia vibratória, um fato que os Hermetistas sustentaram e ensinaram há muito tempo.

O Éter Universal, que é postulado pela ciência, sem que sua real natureza seja compreendida claramente, é considerado pelos Hermetistas apenas como uma manifestação superior daquilo que é erroneamente chamado de matéria – isto é, ele é Matéria em um grau superior de vibração – e é chamado por eles de "A Substância Etérea". Os Hermetistas ensinam que essa Substância Etérea é extremamente rarefeita e elástica, que ela permeia o espaço universal e que serve como meio de transmissão de ondas de energia vibratória, como o calor, a luz, a eletricidade, o magnetismo etc. Os Ensinamentos dizem que a Substância Etérea é um elo entre as formas de energia vibratória conhecidas como "Matéria", de um lado, e a "Energia ou Força", do outro; e que ela também manifesta um grau de vibração de faixa e modo inteiramente próprios.

Os cientistas ofereceram a imagem de uma roda, de um tipo de pião, ou de um cilindro, em movimento rápido, como exemplo para mostrar os efeitos do aumento das faixas de vibração. A ilustração mostra uma roda, ou pião, ou cilindro, girando em uma baixa faixa de velocidade – chamaremos essa coisa giratória de "o objeto", seguindo a ilustração. Suponhamos que o objeto se mova lentamente. Pode ser visto prontamente, mas nenhum som do seu movimento chega aos nossos ouvidos. A velocidade é aumentada gradualmente. Em alguns momentos, seu movimento se torna tão rápido, que um rangido profundo, ou uma nota baixa, pode ser ouvido. Então, à medida que o ritmo é aumentado, percebe-se subir uma primeira nota da escala musical. Depois disso, o movimento é aumentado ainda mais, e uma nota mais alta da escala é distinguida. A partir daí, uma após a outra, todas as notas da escala musical aparecem, subindo cada vez mais, à medida que o movimento acelera. Finalmente, quando os movimentos atingem uma certa faixa, a nota final perceptível aos ouvidos humanos é alcançada, o rangido some, e segue-se o silêncio. Não se ouve mais nenhum som desse objeto giratório, já que a faixa de movimento é tão alta que o ouvido humano não consegue mais registrar as vibrações. Em seguida, vem a percepção de graus crescentes de Calor. Então, depois de algum tempo, o olho capta um vislumbre do objeto tornando-se de uma cor avermelhada escura e opaca. Conforme a faixa aumenta, o vermelho fica mais claro. Então, com mais aceleração, o vermelho se transforma em laranja. Em seguida, o laranja se desfaz em um amarelo. Depois disso, seguem, sucessivamente, os tons de verde, azul, índigo e, finalmente, violeta, à medida que a velocidade aumenta. Logo após, o violeta desaparece, juntamente com todas as demais cores, e o olho humano não tem mais a capacidade de registrá-las. Apesar disso, existem raios invisíveis que continuam a emanar do objeto giratório, os raios que são usados para fotografar e outros raios de luz mais sutis. A partir daí, começam a se manifestar raios peculiares conhecidos como "raios X", e outros, conforme a constituição do objeto muda. Além disso, a Eletricidade e o Magnetismo são emitidos a partir do momento em que a taxa apropriada de vibração é atingida.

Quando o objeto atinge uma certa faixa mais elevada de vibração, suas moléculas se desintegram e se transformam nos elementos ou átomos originais. A partir desse momento, os átomos, seguindo o Princípio da Vibração, são separados nos incontáveis corpúsculos dos quais são compostos. E, finalmente, mesmo os corpúsculos desaparecem, e pode-se dizer nesse momento que o objeto é composto somente da Substância Etérea. A ciência não se atreve a seguir a ilustração mais adiante, mas os Hermetistas ensinam que, se as vibrações fossem continuamente aumentadas, o objeto ascenderia aos estados sucessivos de manifestação e, por sua vez, demonstraria os vários estágios mentais, seguindo em direção ao Espírito, até finalmente se reintegrar ao TODO, que é o Espírito Absoluto. O "objeto", entretanto, já teria deixado de ser um "objeto" muito antes desse estágio da Substância Etérea ter sido alcançado, porém, por outro lado, a ilustração está correta, na medida em que mostra o efeito das faixas e dos modos de vibração quando são constantemente aumentados. Devemos lembrar que, na ilustração acima, nos estágios em que o "objeto" emite vibrações de luz, de calor etc., ele não é realmente "dissolvido" nessas formas de energia (que são muito mais elevadas na escala), mas ele simplesmente atinge um grau de vibração em que essas formas de energia são liberadas, em certo grau, das influências confinantes das suas moléculas, átomos e corpúsculos, conforme o caso. Essas formas de energia, embora muito mais elevadas na escala do que a matéria, estão aprisionadas e confinadas nas combinações materiais, porque elas se manifestam e usam as formas materiais, tornando-se emaranhadas, e aprisionadas nessas mesmas criações, o que, até certo ponto, é verdadeiro para todas as criações, já que a força criadora torna-se amalgamada no processo de criação.

No entanto, os Ensinamentos Herméticos vão muito mais longe do que os da ciência moderna. Eles ensinam que todas as manifestações de pensamento, emoção, razão, vontade ou desejo, ou qualquer estado ou condição mental, são acompanhados por vibrações, uma parte das quais são lançadas e que tendem a afetar a mente de outras pessoas por "indução". Esse é o princípio que produz os fenômenos de "telepatia", de influência mental e outras formas de ação e do poder de uma mente sobre outra mente, com as quais o público em geral está se familiarizando rapidamente, devido à ampla disseminação do conhecimento oculto pelas várias escolas, cultos e professores que trabalham com essas linhas de estudo em nossa época.

Cada pensamento, emoção ou estado mental tem sua taxa e modo de vibração correspondentes. E, por um esforço da vontade da pessoa, ou das pessoas, esses estados mentais podem ser criados, da mesma maneira que uma nota musical pode ser reproduzida quando fazemos um instrumento vibrar em uma certa faixa – ou assim como uma cor pode ser produzida aplicando-se esse mesmo processo. Pelo conhecimento do Princípio da Vibração, se aplicado aos Fenômenos Mentais, é possível polarizar a mente em qualquer grau desejado, para se ter um controle perfeito sobre os estados mentais, os humores e outros. Da mesma forma, é possível afetar a mente de outras pessoas, produzindo nelas os estados mentais desejados. Em resumo, uma pessoa pode ser capaz de produzir no Plano Mental o que a ciência produz no Plano Físico – "Vibrações de acordo com a Vontade". Esse poder, é claro, pode ser adquirido apenas por meio de instrução, de exercícios adequados, de prática, entre outros, e essa ciência chamada de Transmutação Mental é um dos ramos da Arte Hermética.

Cabe aqui uma pequena reflexão sobre o que dissemos, que mostrará ao discípulo que o Princípio da Vibração está oculto nos fenômenos extraordinários de poder manifestado pelos Mestres e

Adeptos, que são capazes de, à primeira vista, transgredir as Leis da Natureza; no entanto, na realidade, eles simplesmente usam para produzir esse efeito uma lei contra a outra; um princípio contra outro; e assim alcançam seus resultados, por meio da mudança das vibrações dos objetos materiais, ou das formas de energia, e realizam, dessa maneira, o que é comumente chamado de "milagre".

Como disse um dos antigos escritores Hermetistas: "Aquele que compreende o Princípio da Vibração, conquista para si o cetro do Poder".

10

Polaridade

"Tudo é Duplo; tudo tem dois polos; tudo tem seu par de opostos; semelhantes e diferentes são iguais; os opostos são idênticos em sua natureza, mas diferentes em grau; os extremos se encontram; todas as verdades não passam de meias verdades; todos os paradoxos podem se reconciliar."

O CAIBALION

O Quarto Grande Princípio Hermético – o Princípio da Polaridade – incorpora a verdade segundo a qual todas as coisas manifestadas têm "dois lados"; "dois aspectos"; "dois polos"; um "par de opostos", com vários graus entre esses dois extremos. Os velhos paradoxos, que sempre estarreceram a mente humana, são explicados por uma melhor compreensão deste Princípio. O homem sempre reconheceu que havia algo semelhante a esse Princípio e se esforçou para expressar isso por meio de ditados, máximas e aforismos como os seguintes: "Tudo existe e não existe ao mesmo tempo"; "todas as verdades não passam de meias verdades"; "toda verdade é meio falsa"; "há dois lados em tudo"; "há sempre o outro lado da moeda", e assim por diante.

Os ensinamentos Herméticos asseveram que a diferença entre as coisas diametralmente opostas entre si na aparência é apenas uma questão de grau. Isso ensina que "os pares de opostos podem se reconciliar" e que "tese e antítese são idênticas em sua natureza, mas diferentes em grau"; e que a "reconciliação universal dos opostos" é efetuada por meio do reconhecimento do Princípio da Polaridade. Os professores afirmam que exemplos desse Princípio podem ser encontrados em todos os lugares, a partir de um exame da natureza real de qualquer coisa. De início, eles mostram que o Espírito e a Matéria são apenas os dois polos da mesma coisa, e que seus planos intermediários são tão-somente graus diversos de vibração. Eles mostram que o TODO e Os Muitos são iguais, e que a diferença entre eles é apenas uma questão de grau de Manifestação Mental. Assim, a LEI e as Leis são os dois polos opostos de uma mesma coisa. Da mesma forma, O PRINCÍPIO e os Princípios. Ou a Mente Infinita e as mentes finitas.

Então, passando para o Plano Físico, eles detalham esse Princípio, mostrando que Calor e Frio são idênticos em sua natureza, e a diferença entre eles é também somente uma questão de grau. O termômetro mostra muitos graus de temperatura, sendo o polo mais baixo chamado de "frio" e o mais alto, de "calor". Entre esses dois polos, há muitos graus de "calor" ou de "frio"; podemos chamá-los como quisermos, e estaremos igualmente corretos. O mais alto entre dois graus é sempre o "mais quente", enquanto o mais baixo é sempre o "mais frio". Não há uma delimitação absoluta – tudo é uma questão de grau. Não há nenhum lugar no termômetro onde o calor cessa e o frio começa. Tudo é uma questão de vibrações superiores ou inferiores. Os próprios termos "alto" e "baixo", que somos obrigados a usar, não passam de polos da mesma coisa – os termos são relativos. O mesmo ocorre com "Leste e Oeste" – viaje ao redor do mundo na direção Leste, e você alcançará o ponto Oeste, onde você estava em seu ponto de partida, e você retorna desse ponto a Oeste. Viaje longe o suficiente para o Norte, e você acabará indo para o Sul, e vice-versa.

O mesmo para a Luz e a Escuridão, que são polos da mesma coisa, com muitos graus entre si. A escala musical funciona da mesma forma – começamos a partir da nota "Dó", e a escala se move para cima até chegar a outro "Dó", numa oitava superior, assim por diante, e as diferenças entre as duas extremidades dessa escala são as mesmas, com muitos graus que as separam. A paleta de cores também funciona assim – as vibrações mais altas e mais baixas são a única diferença entre o violeta intenso e o vermelho mais opaco. Grande e Pequeno são ideias relativas. Assim como Ruído e Silêncio; Duro e Mole seguem a mesma regra. Da mesma forma, Nítido e Opaco. Finalmente, Positivo e Negativo são dois polos da mesma coisa, com inúmeros graus entre eles.

Bem e Mal não são absolutos – chamamos uma das extremidades da escala de Bem e a outra de Mal, ou podemos falar que uma extremidade é o Bem e a outra é o Mal, de acordo com o uso dos termos. Uma coisa é "menos boa" do que a que está mais acima dela na escala; mas aquela coisa "menos boa", por sua vez, é "melhor" do que a coisa logo abaixo dela – e assim por diante, sendo o "mais ou menos" regulado pela sua posição na escala.

E as coisas se manifestam da mesma maneira no Plano Mental. "Amor e Ódio" são geralmente considerados coisas diametralmente opostas; totalmente diferentes; irreconciliáveis. Porém, ao aplicarmos o Princípio da Polaridade, descobrimos que não existe algo como Amor Absoluto ou Ódio Absoluto, distintos um do outro. Os dois são apenas termos aplicados aos dois polos da mesma coisa. Se começamos em qualquer ponto da escala, encontramos "mais amor" ou "menos ódio", conforme subimos na escala; e "mais ódio" ou "menos amor" à medida que descemos – e isso é uma verdade inconteste, não importando de que ponto, mais alto ou mais baixo, possamos começar. Há graus de amor e de ódio, e há um ponto intermediário em que o "gostar e não gostar" se torna tão fraco, que é difícil distinguir entre eles. Coragem e Medo seguem a mesma regra. Os pares de opostos existem em toda a parte. Se alguma coisa existe, encontraremos fatalmente o seu oposto – os dois polos.

Esse fato permite ao Hermetista transmutar um estado mental em outro, na escala da polarização. Coisas que pertencem a classes diferentes não podem ser transmutadas entre si, entretanto, coisas da mesma classe podem ser alteradas, ou melhor, podem ter sua polaridade alterada. Desse modo, o Amor nunca se torna Leste ou Oeste, tampouco Vermelho ou Violeta – mas pode e frequentemente se transforma em Ódio, como, da mesma forma, o Ódio pode ser transformado em Amor, ao ser mudada a sua polaridade. A Coragem pode ser transmutada em Medo, e vice-versa. Coisas duras podem ser tornadas suaves. Coisas opacas se tornam nítidas. Coisas quentes tornam-se frias, e assim por diante. A transmutação sempre ocorre entre coisas do mesmo tipo que se encontram em diferentes graus. Veja o caso de um homem medroso. Ao elevar suas vibrações men tais ao longo da linha do Medo-Coragem, ele pode ser preenchido com o mais alto grau de Coragem e Destemor. E, da mesma forma, o preguiçoso pode se transformar em alguém ativo e energético, simplesmente polarizando ao longo da linha da qualidade desejada.

O estudante que está familiarizado com os processos pelos quais as várias escolas de Ciência Mental produzem mudanças nos estados mentais daqueles que seguem seus ensinamentos, talvez não compreenda prontamente o princípio subjacente a muitas dessas mudanças. Quando, entretanto, o Princípio da Polaridade é finalmente compreendido, percebe-se que as mudanças mentais são ocasionadas por uma mudança da polaridade – um deslizamento ao longo da mesma escala – e assim o assunto é mais facilmente compreendido. A mudança não está na natureza da transmutação de uma coisa em uma outra inteiramente diferente – mas sim somente na variação do grau da mesma coisa, o que é completamente diferente e importante. Por exemplo, tomando emprestada uma analogia do Plano Físico, é impossível transformar Calor em Nitidez, Intensidade ou Altitude, ou outros, mas o Calor pode ser prontamente transmutado em Frio, simplesmente diminuindo a sua vibração, por serem da mesma linha de polaridade. Da mesma forma, o Ódio e o Amor são mutuamente transmutáveis; assim como o Medo e a Coragem. No entanto, o Medo não pode ser transformado em Amor, nem a Coragem pode ser transmutada em Ódio. Os estados mentais pertencem a inúmeras classes, e cada classe apresenta seus polos opostos, dentro de uma escala em que a transmutação é possível.

O aluno reconhecerá logo que nos estados mentais, assim como nos fenômenos do Plano Físico, os dois polos podem ser classificados em Positivo e Negativo, respectivamente. Assim, o Amor é positivo para o Ódio; A Coragem é positiva para o Medo; A Atividade é positiva para Inatividade, e assim por diante. E também perceberá que, mesmo para aqueles que não estão familiarizados com o Princípio da Vibração, o Polo Positivo parece ser de um grau mais alto que o Polo Negativo, e assim ele compreenderá rapidamente. A tendência da Natureza está na direção da atividade dominante do Polo Positivo.

Além da mudança dos polos dos próprios estados mentais pela operação da arte da Polarização, os fenômenos da Influência Mental, em suas múltiplas fases, mostram-nos que o princípio pode ser estendido de modo a abarcar os fenômenos da influência de uma mente sobre outra, sobre o que tanto foi escrito e ensinado nos últimos anos. Quando se compreende que a indução mental é possível, isto é, que os estados mentais podem ser produzidos por "indução" de outros, podemos ver prontamente como uma certa faixa de vibração, ou polarização, de um determinado estado mental, pode ser comunicada a outra pessoa, e sua polaridade dentro de uma classe de estados mentais muda. É segundo esse princípio que os resultados de muitos dos "tratamentos mentais" são obtidos. Por exemplo, uma pessoa é "triste", melancólica e medrosa. Um cientista mental, ao trazer para sua própria mente a vibração desejada por sua vontade bem treinada, obtém desse modo a polarização desejada em si, e então produz um estado mental semelhante na outra pessoa por indução, tendo como resultado que as vibrações são aumentadas e a pessoa polariza em direção à outra extremidade, no caso Positiva, da escala, e afasta-se da direção Negativa, e o seu Medo, bem como as outras emoções negativas associadas, é transmutado em Coragem e em estados mentais positivos semelhantes. Um pequeno estudo mostrará, sem dúvida, que essas mudanças mentais estão quase todas ao longo de uma mesma linha de Polarização, e o que ocorre no caso é somente uma mudança de grau, e não de tipo.

O conhecimento da existência deste grande Princípio Hermético capacitará o estudante a compreender melhor seus próprios estados mentais e os de outras pessoas. Ele verá que esses estados são todos questões de grau e, a partir desse entendimento, ele será capaz de aumentar ou diminuir a vibração à vontade – para mudar seus polos mentais, para poder se tornar Mestre dos seus estados mentais, em vez de ser seu servo e escravo. Por meio do seu conhecimento, ele será capaz de ajudar seus companheiros de forma inteligente e, pelos métodos apropriados, mudar a polaridade, quando isso for desejável. Aconselhamos a todos os alunos que se familiarizem com esse Princípio da Polaridade, pois a sua compreensão correta irá lançar luz sobre muitos assuntos considerados difíceis.

11

Ritmo

"Tudo flui e reflui; tudo tem as suas marés;
todas as coisas sobem e descem; a oscilação
do pêndulo se manifesta em tudo; a
medida da oscilação para a direita é
a mesma medida da oscilação para a
esquerda; o ritmo compensa tudo."

O CAIBALION

O Quinto Grande Princípio Hermético – o Princípio do Ritmo – incorpora a verdade segundo a qual em tudo se manifesta um movimento proporcional; um movimento de vaivém; um fluxo e um refluxo; um balanço para frente e para trás; um movimento semelhante ao de um pêndulo; vazante e cheia, semelhantes a uma maré; uma maré alta e uma maré baixa; entre os dois polos que se manifestam nos planos físico, mental ou espiritual. O Princípio do Ritmo está intimamente relacionado com o Princípio da Polaridade descrito no capítulo anterior. O ritmo se manifesta entre os dois polos estabelecidos pelo Princípio da Polaridade. Isso não significa, entretanto, que o pêndulo do Ritmo oscile para os polos extremos, pois isso raramente acontece; na verdade, é difícil estabelecer os polos opostos extremos na maioria dos casos. Mas a oscilação vai sempre "na direção" primeiro de um polo, depois do outro.

Sempre há uma ação e uma reação; um avanço e um recuo; uma subida e uma descida; que se manifestam em todos os planos e fenômenos do Universo. Sóis, mundos, homens, animais, plantas, minerais, forças, energias, mente e matéria, e sim, até mesmo o Espírito, manifestam este Princípio. O Princípio se revela na criação e na destruição dos mundos; na ascensão e na queda das nações; na história da vida de todas as coisas; e, finalmente, nos estados mentais do Homem.

Percebemos esse ritmo de início até mesmo nas manifestações do Espírito do TODO; podemos notar que há sempre a Efusão e a Infusão; a "Expiração e a Inspiração de Brâman", como dizem os brâmanes. Os Universos são criados; atingem seu ponto mais baixo de materialidade e energia; e, então, começam sua oscilação para cima. Os sóis nascem, e se desenvolvem até alcançar o auge de seu poder, e, a partir daí, o processo de retrocesso, de volta à concentração, principia; depois de eras, eles se tornam massas de matéria morta concentrada, à espera de um outro impulso que reinicie suas energias internas para a atividade, e um novo ciclo de vida solar é posto em movimento. E assim é com todos os mundos; eles nascem, crescem e morrem; apenas para depois renascerem. E isso acontece com todas as coisas de qualquer tamanho e forma; elas oscilam da ação para a reação; do nascimento para a morte; da atividade para a inatividade, e vice-versa. Assim é com todas as coisas vivas; elas nascem, crescem e morrem – e então renascem. Assim acontece com todos os grandes movimentos, filosofias, credos, modas, governos, nações, e tudo o mais – nascimento, crescimento, maturidade, decadência, morte – a partir daí, há um novo nascimento. A oscilação do pêndulo está sempre em ação.

A noite segue o dia, e o dia segue a noite. O pêndulo oscila do Verão para o Inverno, e depois volta para aquele. Os corpúsculos, os átomos, as moléculas e todas as massas de matéria oscilam em torno do círculo da sua natureza. Não existe repouso absoluto ou cessação do movimento, e todo movimento participa do Ritmo. Esse princípio é de aplicação universal. Pode ser aplicado a qualquer questão ou fenômeno de qualquer um dos muitos Planos da Vida. Pode ser aplicado a todas as fases da atividade humana. Sempre há o balanço rítmico de um polo para o outro. O Pêndulo Universal está sempre em movimento. As marés da Vida fluem e refluem, sempre de acordo com a Lei.

O Princípio do Ritmo é bem compreendido pela ciência moderna e é considerado uma lei universal aplicada às coisas materiais. Mas os Hermetistas levam o princípio para muito além, e sabem que as suas manifestações e influências se estendem às atividades mentais do Homem, e que ele é responsável pela desconcertante sucessão de estados de espírito, sentimentos e outras mudanças irritantes e perturbadoras que notamos em nós mesmos. Mas os Hermetistas, ao estudarem as operações deste Princípio, aprenderam a escapar de algumas das suas atividades por meio da Transmutação.

Os Mestres Hermetistas há muito descobriram que, embora o Princípio do Ritmo fosse invariável e que estivesse sempre em ação em todos os fenômenos mentais, havia dois pontos de manifestação que interessavam para eles particularmente nesse processo. Eles perceberam que havia dois planos gerais de Consciência, um Inferior e outro Superior, e atingiram a compreensão de como seriam capazes de subir ao Plano Superior e, desse modo, conseguir escapar do balanço do Pêndulo Rítmico que se manifestava no Plano Inferior. Em outras palavras, a oscilação do pêndulo ocorria no Plano Inconsciente, e a Consciência não era afetada. Esse fenômeno é chamado de Lei da Neutralização. A manobra consiste na elevação do

Ego acima das vibrações do Plano Inconsciente da atividade mental, de modo que a oscilação negativa do pêndulo não se manifeste na consciência e, com isso, ela não seja afetada. É como se elevar acima de uma coisa e deixá-la passar por baixo de você. O Mestre Hermetista, ou discípulo avançado, se polariza no polo desejado e, por um processo semelhante à "recusa" de participar do retrocesso ou à "negação" de sua influência, ele se mantém firme em sua posição polarizada e permite que o pêndulo mental retorne ao polo negativo durante o plano inconsciente. Todos aqueles que alcançaram algum grau de autodomínio conseguem realizar essa operação, mais ou menos inconscientemente, e, ao impedir que seu humor e seus estados mentais negativos os afetem, aplicam a Lei da Neutralização. O Mestre, no entanto, é capaz de levar esse processo a um alto nível de proficiência e, por meio de sua Vontade, atinge um grau de Equilíbrio e de Firmeza Mental quase impossível para aqueles que permitem ser jogados de um polo ao outro no pêndulo mental dos humores e dos sentimentos.

A importância disso será apreciada por qualquer pessoa ponderada que perceba que as outras, em sua maioria, apresentam humor, sentimentos e emoções descontrolados, e têm pouco domínio sobre si mesmas. Se você parar para refletir por um momento, perceberá o quanto essas oscilações de Ritmo afetaram, e afetam, a sua vida – como um período de Entusiasmo é invariavelmente seguido por um período de Depressão. Da mesma forma, como o seu humor e a sua Coragem são sucedidos por um sentimento de grande Medo. Assim sempre foi, e continua sendo, para a maioria das pessoas – ondas de sentimentos bons e maus que se alternam no seu caminho, mas elas nunca suspeitaram da causa ou da razão desses fenômenos mentais. Uma melhor compreensão do funcionamento deste Princípio dará às pessoas a chave para o Domínio das oscilações rítmicas de seus sentimentos, o autoconhecimento evita que sejamos arrastados por esses movimentos pendulares. A Vontade é superior à manifestação consciente deste Princípio, embora o Princípio em si nunca possa ser destruído. Podemos escapar dos seus efeitos, mas o Princípio se mantém em operação, apesar de tudo. O pêndulo sempre oscila, mesmo que possamos escapar de sermos levados junto com ele.

Existem outras características da ação desse Princípio do Ritmo, das quais desejamos falar neste momento. Uma de suas operações é conhecida como Lei da Compensação. Uma das definições ou significados da palavra "Compensar" é "contrabalançar", e esse é o sentido do termo usado pelos Hermetistas. É a esta Lei de Compensação que *O Caibalion* se refere quando diz: "A medida da oscilação para a direita é a mesma medida da oscilação para a esquerda; o ritmo compensa tudo".

Segundo a Lei da Compensação, a oscilação em uma direção determina a oscilação na direção oposta, ou em direção ao polo oposto – um equilibra, ou contrabalança, o outro. No plano físico, vemos muitos exemplos dessa lei. O pêndulo do relógio oscila da direita para a esquerda. As estações se equilibram da mesma maneira. As marés seguem a mesma Lei. E a Lei se manifesta em todos os fenômenos do Ritmo. O pêndulo, quando oscila só um pouco em uma direção, tem a mesma curta oscilação na outra direção; agora, se o balanço para a direita for longo, invariavelmente significa que haverá igual oscilação à esquerda. Um objeto arremessado para cima a uma certa altura percorre a mesma distância ao retornar ao solo. A força com que um projétil é atirado a uma milha de distância acima é a mesma quando ele retorna à Terra. Esta Lei é constante no Plano Físico, como as obras de referência podem nos demonstrar.

Mas os hermetistas levam isso ainda mais longe. Eles ensinam que os estados mentais de um homem estão sujeitos a essa mesma Lei. O homem que desfruta algo de maneira intensa está sujeito a mesma intensidade de sofrimentos; da mesma maneira, quem sente pouca dor é igualmente capaz de sentir pouca alegria. O porco sofre e desfruta pouco da vida – essa é a compensação para ele. Por outro lado, há outros animais que a desfrutam intensamente, mas cujo sistema nervoso e temperamento fazem com que sofram intensamente. E assim ocorre com o homem também. Existem pessoas com temperamentos que permitem apenas baixos níveis de prazer, e igualmente baixos níveis de sofrimento, enquanto há outras que se permitem um gozo mais intenso, e passam assim por um sofrimento mais intenso. A regra é que a capacidade de sentir dor e prazer, em cada indivíduo, deve ser equilibrada. A Lei de Compensação está em pleno funcionamento nesses casos.

Os Hermetistas vão ainda mais longe neste assunto. Eles ensinam que, antes que alguém seja capaz de desfrutar certo grau de prazer, ele já deve ter oscilado, proporcionalmente, na direção ao outro polo do sentimento. Eles sustentam, no entanto, que o Negativo precede o Positivo, isto é, ao experimentar certo grau de prazer, não implica ter de "pagar por isso" por meio de um grau correspondente de dor; pelo contrário, o prazer é o movimento rítmico, de acordo com a Lei da Compensação, resultante de um grau de dor experimentado anteriormente, seja na vida presente, seja em uma encarnação precedente. Essa informação lança uma nova luz sobre o problema da Dor.

Para os Hermetistas, há uma sucessão contínua de vidas, como parte da trajetória do indivíduo, tudo em consequência do movimento rítmico, entendido e explicado aqui, e esse processo não teria sentido a menos que a verdade da reencarnação fosse admitida.

Os Hermetistas afirmam que o Mestre, ou um discípulo avançado, é capaz, com muita frequência, de escapar da oscilação que leva para a Dor, pelo mesmo processo de Neutralização anteriormente mencionado. Ao elevar-se ao plano superior do Eu, grande parte das experiências vividas no plano inferior é evitada e pode-se escapar delas.

A Lei da Compensação desempenha um papel importante na vida de homens e mulheres. Podemos perceber que, geralmente, "paga-se o preço" de tudo o que se possui ou do que se tem carência. Se você tem uma coisa, outra falta, e o equilíbrio é alcançado. Ninguém pode "assobiar e chupar cana" ao mesmo tempo. Tudo tem seu lado agradável e desagradável. As coisas que ganhamos são sempre compensadas pelas coisas que perdemos. Os ricos possuem muito daquilo que os pobres carecem, enquanto os pobres geralmente têm coisas que estão além do alcance dos ricos. O milionário pode ter à sua disposição banquetes e riquezas, garantindo para si todas as iguarias e os luxos da mesa, mas carece do apetite para desfrutar de tudo; ele inveja o apetite e a capacidade de digestão do trabalhador, que, por sua vez, carece da riqueza e das possibilidades do milionário. O trabalhador obtém mais prazer vindo da sua comida simples do que o milionário poderia conseguir, mesmo se seu apetite não estivesse já saciado, nem sua digestão arruinada por suas diferentes necessidades, hábitos e inclinações. E assim é com todo mundo ao longo da vida. A Lei da Compensação está sempre em operação, fazendo força para equilibrar e contrabalançar; ela sempre atinge o sucesso com o tempo, embora várias vidas possam ser necessárias para que o movimento de retorno do Pêndulo do Ritmo aconteça.

12

Causalidade

*"Toda Causa tem seu Efeito; todo
Efeito tem sua Causa; tudo acontece
de acordo com a Lei; O acaso é
apenas o nome dado a uma Lei não
reconhecida; existem muitos planos de
causalidade, mas nada escapa à Lei."*

O CAIBALION

O Sexto Grande Princípio Hermético – o Princípio de Causa e Efeito – incorpora a verdade segundo a qual a Lei permeia o Universo; que nada acontece por mero acaso; o acaso é somente um termo que indica uma causa existente, mas que não foi reconhecida ou percebida; que os fenômenos são contínuos, não têm interrupção ou exceção.

O Princípio de Causa e Efeito está subjacente a todo pensamento científico, antigo e moderno, e foi enunciado pelos Professores Hermetistas desde há muito tempo. Embora variadas controvérsias entre as muitas escolas de pensamento tenham surgido desde então, essas disputas têm sido principalmente sobre os detalhes das operações do Princípio, e, ainda mais frequentemente, sobre o significado de certas palavras. O Princípio de Causa e Efeito é aceito como correto por praticamente todos os pensadores do mundo dignos desse nome. Pensar de outra forma seria tirar os FENÔMENOS do Universo do domínio da Lei e da Ordem, e relegar ao controle do imaginário algo que os homens chamaram simplesmente de "Acaso".

Uma breve análise mostrará a qualquer pessoa que, na realidade, não existe o puro Acaso. O *Webster's Dictionary* define a palavra "Acaso" da seguinte forma: "Um suposto agente ou modo de atividade que não se refere a uma força, lei ou propósito; a operação ou atividade de tal agente; o suposto efeito de tal agente; um acontecimento; algo fortuito; uma casualidade etc.". A observação mais atenta mostrará que não pode haver nenhum agente como o "Acaso", no sentido de algo que está fora da Lei – algo fora da Causa e Efeito. Como poderia haver algo agindo no universo fenomênico, independentemente das leis, da ordem e da continuidade? Esse "algo" deveria ser totalmente independente da tendência ordenada do universo e, portanto, superior a ele. Não podemos imaginar nada fora do TODO que esteja fora da Lei, e isso apenas porque O TODO é a LEI em si. Não há lugar no universo para algo fora e independente da lei. A existência de tal Algo tornaria todas as Leis Naturais ineficazes e mergulharia o Universo em uma desordem caótica e fora de qualquer lei.

Um exame cuidadoso demonstrará que o que chamamos de "acaso" é tão-somente uma expressão relacionada a causas ocultas; causas que não podemos perceber; causas que não podemos compreender. A palavra inglesa *Chance* (Acaso) é derivada de *fall*, que significa "cair", seu substantivo "queda" (como num jogo de dados) dá a ideia de que dados sendo atirados numa mesa (e muitos outros fatos aparentemente fortuitos) são somente "acontecimentos" não relacionados a nenhum tipo de causa. E esse é o sentido em que o termo é geralmente empregado. Porém, quando o assunto é examinado de perto, vê-se que não há acaso algum no jogo de dados. Cada vez que um dado cai e exibe um certo número, ele obedece a uma lei tão infalível quanto a que governa a revolução dos planetas ao redor do Sol. Por trás da queda dos dados estão as causas, ou cadeias de causas, que vão além do que a mente pode acompanhar. A posição do dado na mesa; a quantidade de energia muscular gasta no arremesso; a condição da mesa, entre outras, todas são causas, e o seu efeito pode ser visto. Por trás dessas causas visíveis, há cadeias de causas anteriores invisíveis, e todas elas tiveram influência sobre as faces dos dados que caíram primeiro.

Se um dado for lançado um grande número de vezes, vamos verificar que os números mostrados serão quase sempre distribuídos igualmente entre si, ou seja, haverá uma probabilidade igual de vezes de surgir o número um, o dois e os demais, em primeiro lugar. Jogue uma moeda para o alto, e ela pode cair com a face "cara" ou a face "coroa" voltada para cima; mas, ao fazer isso em um número suficiente de jogadas, cara e coroa cairão em número quase igual de vezes. Assim funciona a Lei das Médias. Porém, tanto a média quanto o lance único estão ambos sob a Lei de Causa e Efeito e, se fôssemos capazes de examinar as causas anteriores, seria claramente verificada a impossibilidade de o dado cair de outra forma, sob as mesmas circunstâncias e no mesmo tempo. Dadas as mesmas causas, os mesmos resultados ocorrerão. Sempre há uma "causa" e um "porquê" para cada evento. Nada jamais "acontece" sem uma causa, ou melhor, sem uma cadeia de causas.

Surgiu uma confusão na mente das pessoas que consideram esse Princípio, porque elas foram incapazes de explicar como uma coisa poderia ser a causa de outra coisa – isto é, ser o "criador" da segunda coisa. Na verdade, nenhuma "coisa" causa ou "cria" outra "coisa". Causa e Efeito são apenas "eventos". Um "evento" é "algo que vem, chega ou acontece, como resultado ou como consequência de algum evento anterior". Nenhum evento "cria" outro evento, mas é apenas um elo precedente na grande cadeia ordenada de eventos que fluem da energia criativa do TODO. Há uma continuidade entre todos os eventos precedentes, consequentes e subsequentes. Há uma relação entre tudo o que aconteceu anteriormente e tudo o que segue a esse acontecimento. Uma pedra se desprende da encosta de uma montanha e bate no telhado de uma cabana no vale abaixo. À primeira vista, consideramos isso um efeito do acaso, mas, quando examinamos o assunto, encontramos uma grande cadeia de causas por trás dele. Em primeiro lugar, houve a chuva que amoleceu a terra que sustentava a pedra e que lhe permitiu cair; em seguida, por trás disso estava a influência do sol, de outras chuvas, e outros eventos, que gradualmente deterioraram o pedaço de rocha que estava ligado a uma pedra maior; depois, havia as causas que levaram à formação da montanha e sua degradação pelas convulsões da natureza, e assim por diante, *ad infinitum*. Podemos verificar as causas por trás da chuva, entre outras. Em seguida, podemos considerar a existência do telhado e o que já agiu sobre ele.

Em resumo, em algum tempo nos veríamos envolvidos em uma rede de causas e de efeitos, da qual logo nos esforçaríamos para nos livrar.

Assim como um homem tem dois pais, quatro avós, oito bisavós, dezesseis tataravós, e assim por diante, até que, digamos, quarenta gerações sejam calculadas, o número de ancestrais chega a muitos milhões – assim é com o número de causas por trás até mesmo dos eventos ou fenômenos mais insignificantes, como a passagem de uma pequena partícula de fuligem diante de seus olhos. Não é tarefa fácil rastrear a partícula de fuligem de volta ao período inicial da história do mundo, quando fazia parte de um enorme tronco de árvore, que foi posteriormente convertido em carvão, e assim por diante, até ser uma partícula de fuligem que agora passa diante de seus olhos em seu caminho rumo a outras aventuras. E uma poderosa cadeia de eventos, causas e efeitos, trouxe essa partícula a sua condição atual, e o último é apenas um evento numa cadeia que irá produzir outros eventos daqui a centenas de anos. Uma das séries de eventos decorrentes da minúscula fuligem foi a redação destas linhas, o que fez com que o tipógrafo executasse um certo trabalho; o revisor fizesse o mesmo; e esse fato despertará certos pensamentos em sua mente, e de outros, que por sua vez afetarão outros, e assim por diante, para além da capacidade do homem de pensar mais longe, e tudo acontece a partir da passagem de uma pequena partícula de fuligem, o que mostra a relação e a associação existente entre as coisas, além do fato de "não haver nada grande nem pequeno da mente que causa tudo".

Pare um momento e pense nisso. Se certo homem não tivesse conhecido certa mulher, no obscuro período da Idade da Pedra – você, que está lendo estas linhas, talvez não estivesse aqui agora. E se, talvez, o mesmo casal não tivesse se encontrado lá atrás, nós, que estamos escrevendo este texto, não estaríamos aqui neste momento. E o próprio ato de escrever, da nossa parte, e o ato de ler, da sua parte, afetarão não apenas as nossas respectivas vidas, mas também terão um efeito direto ou indireto sobre muitas outras pessoas que vivem agora e que viverão nos tempos que estão por vir. Cada pensamento que formulamos, cada ato que realizamos, tem seus resultados diretos e indiretos que se encaixam na grande cadeia de Causa e Efeito.

Nesta obra, não faremos consideração sobre o Livre-Arbítrio, ou o Determinismo, por várias razões. Entre as muitas razões, a principal é que nenhum dos lados dessa controvérsia está totalmente certo – na verdade, ambos os lados estão parcialmente corretos, segundo os Ensinamentos Herméticos. O Princípio da Polaridade mostra que ambos são apenas Meias Verdades – os polos opostos da Verdade. Os Ensinamentos ditam que um homem pode ser Livre e ainda assim estar limitado pela Necessidade, dependendo do significado dos termos e da medida da Verdade a partir da qual o assunto é examinado. Os antigos escritores expressam a questão deste modo: "Quanto mais longe a criação está do Centro, mais ela é limitada; quanto mais próxima do Centro ela chega, mais ela se encontra livre".

A maioria das pessoas é mais ou menos escrava da hereditariedade, do meio ambiente, e de outros fatores, e manifesta por isso muito pouca liberdade. Elas são influenciadas pelas opiniões, costumes e pensamentos do mundo exterior, e também por suas emoções, sentimentos, humores etc. Elas não manifestam a Maestria digna desse nome. No entanto, repudiam indignadamente essa afirmação, dizendo: "Ora, claro que sou livre para agir como eu quiser – e faço exatamente o que desejo fazer", mas não explicam de onde vem o "como eu quiser" e "o que desejo fazer". O que os faz "querer" fazer uma coisa em vez de outra? O que os torna "com vontade" de fazer isso e não fazer aquilo? Não existe um "porquê" para o seu "prazer" e "desejo"? O Mestre pode transformar esses "prazeres" e "desejos" em outros sentimentos na extremidade oposta do polo mental. Ele é capaz de "desejar querer", em vez de querer simplesmente, porque algum sentimento, humor, emoção ou sugestão do ambiente externo desperta nele uma tendência ou desejo de fazer aquilo.

A maioria das pessoas é influenciada e levada como uma pedra que cai, obediente ao ambiente em que está, às influências externas e humores internos, aos próprios desejos, entre outros, isso sem falar dos desejos e das vontades dos outros, que podem ser mais fortes do que elas, a hereditariedade, a sugestão, que as carregam sem resistência da sua parte, ou do exercício da sua vontade própria. Movidas como os peões no tabuleiro de xadrez da vida, elas desempenham seus papéis e são postas de lado após o término do jogo. Mas os Mestres, que conhecem bem as regras do jogo, elevam-se acima do plano da vida material e colocam-se em contato com os poderes superiores da sua natureza, e conseguem dominar seus próprios humores, personalidades, qualidades e polaridade, bem como o ambiente que os circunda, e eles, assim, tornam-se os Condutores que movem as peças do jogo, em vez de meros Peões – passam a ser Causa, em vez de Efeito. Os Mestres não escapam das Causas dos planos superiores, mas concordam com as suas leis e, portanto, dominam as circunstâncias nos planos inferiores. Assim, eles formam uma parte consciente da Lei, em vez de serem simples instrumentos cegos. Eles servem nos planos superiores, ao mesmo tempo que governam o plano material.

No entanto, tanto acima quanto abaixo, a Lei está sempre em ação. Não há o Acaso. A deusa cega foi abolida pela Razão. Podemos ver agora, com os olhos esclarecidos pelo conhecimento, que tudo é regido pela Lei Universal – que o número infinito de leis é apenas manifestação da Única Grande Lei – a LEI que é O TODO. É verdade que nem sequer uma folha cai da árvore sem que isso seja notado e autorizado pela Mente do TODO – que tem até os nossos fios de cabelo contados – como dizem as escrituras. Não há nada fora da Lei; nada que aconteça contrário a ela. Entretanto, não cometa o erro de supor que o Homem é apenas um autômato cego – longe disso. Os ensinamentos herméticos declaram que o homem pode usar a Lei para superar as leis, e que o Superior sempre prevalecerá sobre o Inferior, até que finalmente ele alcance o estágio em que busca refúgio na própria LEI e ri das leis fenomenais com escárnio. Você é capaz de compreender o significado intrínseco disso?

13

Gênero

"Em tudo há Gênero; tudo tem o seu Princípio Masculino e o seu Princípio Feminino; e o Gênero se manifesta em todos os planos."

O CAIBALION

O Sétimo Grande Princípio Hermético – o Princípio de Gênero – incorpora a verdade de que há Gênero manifestado em tudo – que os princípios Masculino e Feminino estão sempre presentes e ativos em todas as fases dos fenômenos, em todos os planos da vida. Aqui, achamos melhor chamar sua atenção para o fato de que Gênero, em seu sentido hermético, e Sexo, no uso comumente aceito do termo, não são de modo algum a mesma coisa.

A palavra "Gênero" é derivada da raiz latina que significa "gerar", "procriar", "criar", "produzir". Uma consideração breve mostrará que essa palavra tem um significado muito mais amplo e geral do que o termo "Sexo", e que este último se refere às distinções físicas entre seres vivos masculinos e femininos. O sexo é somente uma manifestação do gênero em certo plano do Grande Plano Físico – o plano da vida orgânica. Desejamos gravar essa distinção em sua mente, porque certos escritores, que adquiriram um conhecimento superficial da Filosofia Hermética, procuraram identificar este Sétimo Princípio Hermético e relacioná-lo com teorias e ensinamentos extravagantes e fantasiosos, frequentemente repreensíveis, a respeito do Sexo.

A função do Gênero é criar, produzir, gerar etc., e suas manifestações são visíveis em todos os planos dos fenômenos. É um tanto difícil produzir provas disso ao longo de linhas científicas, porque a ciência ainda não reconheceu a aplicação universal deste Princípio. Mesmo assim, ainda existem algumas provas de fontes científicas a serem mostradas. Em primeiro lugar, encontramos uma manifestação distinta do Princípio de Gênero entre os corpúsculos, íons ou elétrons, que constituem a base da Matéria, como a ciência agora a conhece, e que, por meio de certas combinações, formam o Átomo, que até recentemente era considerado final e indivisível.

A última palavra da ciência é que o átomo é composto de uma infinidade de corpúsculos, elétrons ou íons (os vários nomes são aplicados por diferentes autoridades científicas), que giram em torno uns dos outros e vibram em alto grau e intensidade. Outra afirmação declara que a formação do átomo é realmente devida ao agrupamento de corpúsculos negativos que orbitam um centro positivo – os corpúsculos positivos parecem exercer determinada influência sobre os corpúsculos negativos, fazendo com que estes últimos assumam certas combinações e, portanto, "criem" ou "gerem" um átomo. Isso está de acordo com os mais antigos Ensinamentos Herméticos, que sempre identificaram o princípio Masculino do Gênero com o polo "Positivo", ao passo que o Feminino se relaciona com o polo "Negativo" da Eletricidade (assim chamada).

Agora, dediquemos uma palavra a respeito dessa identificação. A opinião pública formou uma impressão inteiramente errônea a respeito das qualidades do assim chamado polo "negativo" da matéria eletrificada ou magnetizada. Os termos Positivo e Negativo são erroneamente aplicados a este fenômeno pela ciência. A palavra Positivo significa algo real e forte, em comparação com uma irrealidade ou fraqueza Negativa. Nada está mais longe dos fatos reais do que os fenômenos elétricos. O chamado polo negativo da bateria é realmente o polo por meio do qual se manifesta a geração ou a produção de novas formas de energia. Não há nada de "negativo" nisso. As maiores autoridades científicas hoje em dia usam a palavra "Cátodo" no lugar de "negativo", já que a palavra Cátodo vem de uma raiz grega que significa "descendência; o caminho da geração, entre outros". Do polo Catódico, emerge o enxame de elétrons ou de corpúsculos; do mesmo polo emergem aqueles "raios" maravilhosos que revolucionaram as concepções científicas durante a última década. O polo Catódico é a mãe de todos os fenômenos estranhos que tornaram inúteis os antigos livros didáticos e que fizeram as teorias aceitas por muito tempo serem jogadas no lixo da especulação científica. O Cátodo, ou polo Negativo, é o princípio Materno dos fenômenos elétricos e das delicadas formas da matéria já conhecidas pela ciência. Portanto, note que temos razão em refutar o termo "negativo" em nossa consideração do assunto e em insistir em substituir o antigo termo pela palavra "feminino". Os fatos desse caso nos confirmam isso, sem levar em consideração os Ensinamentos Herméticos. Então, usaremos a palavra "Feminino" no lugar de "Negativo" ao falar desse polo de atividade.

Os mais recentes ensinamentos científicos atestam que os corpúsculos criativos ou elétrons são Femininos (a ciência diz que "eles são compostos de carga elétrica negativa" – e nós dizemos que eles são compostos de energia Feminina). Um corpúsculo feminino se desprende, ou melhor, deixa um corpúsculo masculino e inicia uma nova caminhada. Ele busca ativamente unir-se a outro corpúsculo Masculino, sendo levado a esse movimento por um impulso natural de criar novas formas de Matéria ou de Energia. Um escritor chegou ao ponto de dizer que "ele busca imediatamente, por sua própria vontade, uma união". Esse desprendimento e essa união formam a base da maior parte das atividades do mundo químico. Quando o corpúsculo feminino se une a um corpúsculo masculino, um determinado processo é iniciado. As partículas Femininas vibram rapidamente sob a influência da energia da partícula Masculina e circulam rapidamente em torno dela. O resultado é o nascimento de um novo átomo. Esse novo átomo é realmente composto de uma união dos elétrons, ou corpúsculos, masculinos e femininos; entretanto, quando a união é realizada, o átomo fica de alguma forma isolado, e tem certas propriedades, mas não manifesta mais a propriedade da eletricidade livre. O processo de desprendimento ou separação dos elétrons Femininos é chamado de "ionização". Esses elétrons, ou corpúsculos, são os trabalhadores mais ativos no campo da Natureza. A partir de suas uniões, ou combinações, manifestam-se os variados fenômenos de luz, calor, eletricidade, magnetismo, atração, repulsão, afinidade química, além de fenômenos semelhantes ou inversos. Tudo isso surge como resultado da ação do Princípio de Gênero no plano da Energia.

A tarefa do princípio Masculino parece ser direcionar uma certa energia pertencente ao princípio

Feminino, e assim iniciar a atividade dos processos criativos. Porém, na realidade, o princípio Feminino sempre realiza o trabalho criativo ativo – e isso ocorre sempre dessa mesma maneira, quaisquer que sejam os planos. E, ainda, cada princípio isoladamente é incapaz de criar sem a energia do outro. Em algumas formas de vida, os dois princípios são combinados em um mesmo organismo. Por falar nesse assunto, tudo no mundo orgânico manifesta ambos os gêneros – há sempre o Masculino presente na forma Feminina, e vice-versa. Os Ensinamentos Herméticos incluem muita informação a respeito da operação dos dois princípios de Gênero na produção e na manifestação de várias formas de energia, entre outras, mas não julgamos conveniente entrar em detalhes sobre isso, porque não podemos comprovar cientificamente, pelo simples fato de a ciência não ter progredido o suficiente, até o momento, para reconhecer certos fenômenos. No entanto, nosso exemplo a respeito dos fenômenos que ocorrem com os elétrons ou corpúsculos vai lhe mostrar que a ciência está no caminho certo, além de também lhe dar uma ideia geral dos princípios subjacentes no processo.

Alguns dos mais renomados pesquisadores científicos anunciaram a sua crença de que, na formação dos cristais, havia semelhança com a "atividade sexual", sendo outro elemento que mostra a direção em que sopram os ventos da ciência. E, a cada ano, outros fatores aparecerão para corroborar a exatidão do Princípio Hermético de Gênero. Veremos que o gênero está em constante ação e manifestação no campo da matéria inorgânica e no campo da energia ou da força. A eletricidade, hoje, é geralmente considerada como "Algo" no qual todas as outras formas de energia parecem se fundir ou se dissolver. A "Teoria Elétrica do Universo" é uma das mais recentes doutrinas científicas e está crescendo rapidamente em popularidade e em aceitação geral. Se formos capazes de descobrir nos fenômenos da eletricidade – até mesmo na própria raiz e na fonte das suas manifestações – uma evidência clara e inequívoca da presença do Gênero, e também de suas atividades, estaremos próximos de convencê-lo de que a ciência finalmente ofereceu provas da existência, em todos os fenômenos universais, daquele grande Princípio Hermético – o Princípio de Gênero.

Não é necessário dedicar tempo aos fenômenos bem conhecidos da "atração e repulsão" dos átomos; da afinidade química; dos "amores e ódios" das partículas atômicas; da atração ou coesão entre as moléculas da matéria. Esses fatos são muito conhecidos e dispensam comentários extensos de nossa parte. Porém, você já observou que todas essas coisas são manifestações do Princípio de Gênero? Você consegue ver que esses fenômenos estão intimamente ligados com aqueles dos corpúsculos ou elétrons? E, mais que isso, você consegue perceber a racionalidade dos Ensinamentos Herméticos, ao afirmar que a própria Lei da Gravitação – aquela estranha atração pela qual todas as partículas e corpos de matéria no universo tendem um para o outro – é apenas outra manifestação do Princípio de Gênero, que atua no sentido de atrair o Masculino para as energias Femininas, e vice-versa? Não podemos oferecer a você provas científicas disso neste momento – mas pedimos que examine esses fenômenos à luz dos Ensinamentos Herméticos e verifique como essa hipótese é melhor que qualquer outra oferecida pela ciência física. Se submetermos todos os fenômenos físicos a esse teste, encontraremos o Princípio de Gênero sempre em evidência em todos esses acontecimentos.

Passemos agora a uma consideração sobre a ação desse Princípio no Plano Mental. Muitos aspectos interessantes aguardam ainda investigação.

14

Gênero Mental

Os estudantes de psicologia que seguiram a tendência moderna do pensamento sobre os fenômenos mentais ficam impressionados com a persistência da ideia sobre a dualidade da mente, que se manifestou tão fortemente durante os últimos dez ou quinze anos, e que deu origem a várias das teorias plausíveis sobre a natureza e a constituição dessas "duas mentes". O falecido Thomson J. Hudson alcançou grande popularidade em 1893, ao desenvolver sua conhecida teoria das "mentes objetiva e subjetiva", que segundo ele havia em cada indivíduo. Outros escritores têm sido atraídos igualmente pelas teorias sobre as "mentes consciente e subconsciente"; as "mentes voluntária e involuntária"; "ativa e passiva", e outras. As teorias dos vários escritores diferem umas das outras, no entanto, permanece o princípio subjacente da "dualidade da mente".

O estudante da Filosofia Hermética é tentado a rir quando lê e ouve falar dessas muitas "novas teorias" a respeito da dualidade da mente, e cada escola se apega tenazmente às suas próprias teorias prediletas e afirma ter "descoberto a verdade". O estudante volta às páginas da história oculta e, no início obscuro dos ensinamentos ocultos, encontra referências à antiga doutrina Hermética do Princípio de Gênero no Plano Mental – a manifestação do Gênero Mental. Examinando mais a fundo, ele descobre que a filosofia antiga tomou conhecimento do fenômeno da "dualidade da mente" e o explicou à luz da teoria do Gênero Mental. Essa ideia de gênero mental pode ser explicada em poucas palavras para os alunos que estão familiarizados com as teorias modernas que acabamos de citar. O Princípio Masculino da Mente corresponde à chamada Mente Objetiva; A Mente Consciente; A Mente Voluntária; A Mente Ativa. Já o Princípio Feminino da Mente corresponde à chamada Mente Subjetiva; A Mente Subconsciente; A Mente Involuntária; A Mente Passiva. Claro que os Ensinamentos Herméticos não concordam com as muitas das teorias modernas sobre a natureza dessas duas fases da mente, nem admite muitos dos fatos alegados para os dois respectivos aspectos – algumas das teorias e das afirmações mencionadas são muito rebuscadas e incapazes de resistir ao teste da experiência e da demonstração. Apontamos as fases de concordância apenas com o propósito de ajudar o aluno a assimilar seus conhecimentos previamente adquiridos a partir dos ensinamentos da Filosofia Hermética. Os alunos de Hudson notarão, no início do seu segundo capítulo de *A Lei dos Fenômenos Psíquicos*, a declaração de que "O jargão místico dos filósofos Herméticos revela a mesma ideia geral" – isto é, a dualidade da mente. Se o Dr. Hudson tivesse se dado ao trabalho de decifrar um pouco mais do "jargão místico da Filosofia Hermética", poderia ter recebido muita luz a respeito da "dualidade da mente" vinda a partir dele. Acreditamos, por isso, que talvez seu trabalho mais interessante nunca tenha sido escrito. Vamos a partir de agora considerar os Ensinamentos Herméticos sobre o Gênero Mental.

Os Professores Herméticos transmitem suas instruções sobre esse assunto, de início, pedindo aos alunos que examinem atentamente a sua consciência a partir do seu próprio Eu. Os alunos são convidados a voltar sua atenção para o Eu que habita dentro de cada um. Cada aluno é levado a ver que a sua consciência primeiramente faz com que ele perceba a existência do seu próprio Eu – e essa constatação é "Eu Sou". A princípio, essa declaração parece ser as palavras finais da consciência a respeito da existência de uma mente única, porém, um pequeno exame mais aprofundado revela o fato de que este "Eu Sou" pode ser separado ou dividido em duas partes distintas, ou aspectos, que trabalham em uníssono, em conjunção, ou ainda podem estar separadas dentro da consciência.

Embora, à primeira vista, pareça existir apenas um "Eu", um exame mais cuidadoso e mais próximo revela o fato de que existe um "Eu" e um "Ego". Esses gêmeos mentais diferem bastante em suas características, e uma análise de sua natureza e dos fenômenos que surgem a partir deles lançará grande luz em muitos problemas sobre a influência mental.

Vamos começar com uma consideração sobre o "Ego", que geralmente é confundido com o "Eu" pelo estudante, até que ele investigue um pouco mais aprofundadamente, nos recessos da sua própria consciência. Um homem pensa em seu Ego (em seu aspecto do "Eu") como sendo composto de certos sentimentos, gostos, aversões, hábitos, laços particulares, características, e outros, que vão constituir sua personalidade, ou "Ego", o aspecto conhecido por ele mesmo e pelos outros. Ele sabe que essas emoções e sentimentos mudam; nascem e morrem; estão sujeitos ao Princípio do Ritmo e ao Princípio da Polaridade, que o levam de um extremo a outro do sentimento. Ele também pensa no "Ego" como sendo certo conhecimento reunido em sua mente e que, portanto, forma uma parte dele mesmo. Esse é o aspecto do "Ego" de um homem.

Estamos nos apressando muito, vamos explicar melhor. Pode-se dizer que o "Ego" de muitos homens consiste principalmente na sua consciência do corpo e dos seus desejos físicos, entre outros. Como sua consciência está amplamente ligada à sua natureza corporal, eles praticamente "vivem ali", nessa parte da mente. Alguns homens chegam ao ponto de considerar suas roupas como parte do seu próprio "Ego" e, na verdade, parecem considerá-las verdadeiramente como parte de si mesmos. Um escritor disse com humor que "os homens consistem em três partes – a alma, o corpo e as roupas". Essas pessoas "conscientes das suas roupas" perderiam a personalidade se fossem despojadas delas por um ataque de selvagens depois de um naufrágio. Mesmo muitos dos que não estão tão intimamente ligados à ideia de moda se apegam profundamente à consciência de que os seus corpos são seu próprio "Ego". Eles não podem conceber um Eu independente do corpo. Para eles, a sua mente parece ser unicamente "algo que pertence" ao seu corpo – o que, em muitos casos, realmente acontece.

Contudo, à medida que o homem sobe na escala da consciência, ele consegue separar seu "Ego" da ideia primária de corpo e percebe que, na verdade, o seu corpo é que "pertence" à sua parte mental. Mesmo assim, ele é capaz de identificar o "Ego" e associá-lo totalmente com os estados mentais, os sentimentos, e outros, que ele sente que existem dentro dele. Ele considera esses estados internos como partes de si mesmo, em vez de serem simplesmente "coisas" produzidas por alguma área da sua mente, e que existem dentro dele – são dele, estão nele, mas ainda assim não são "ele mesmo". Ele vê que, mesmo que ele mude esses estados internos de sentimentos por um esforço da sua vontade, e que ele possa produzir um sentimento ou estado de natureza exatamente oposta à que havia, ainda assim o "Ego" continuará a existir. Desse modo, depois de um tempo, ele é capaz de deixar de lado esses vários estados mentais, emoções, sentimentos, hábitos, qualidades, características e outros objetos mentais pessoais – ele é capaz de colocá-los de lado na coleção de curiosidades e de adversidades, assim como pertences valiosos. Isso requer muita concentração e poder de análise mental por parte do discípulo. Apesar de essa tarefa ser possível para o aluno avançado, mesmo aqueles que não estão tão adiantados são capazes de ver, por meio da imaginação, como o processo pode ser executado.

Após a realização desse processo de afastamento, o estudante se encontrará na posse consciente de um "Eu" que pode ser considerado em seus aspectos duplos "Eu" e "Ego". O "Ego" será sentido como algo mental, no qual pensamentos, ideias, emoções, sentimentos e outros estados mentais podem ser produzidos. Pode ser considerado o "útero mental", como os antigos o chamavam – capaz de gerar uma descendência mental, filhos mentais. Ele se reporta à consciência como um "Ego" com poderes latentes de criação e de geração de uma progenitura mental de todos os tipos e espécies. Seus poderes de energia criativa são considerados enormes. Mesmo assim, ele parece estar consciente de que deve receber alguma forma de energia vinda de seu companheiro "Eu", ou até mesmo de algum outro "Eu", antes de ser capaz de trazer à existência suas criações mentais. Essa consciência traz consigo a compreensão de uma enorme capacidade de trabalho mental e de habilidade criativa.

Entretanto, logo o aluno descobre que isso não é tudo o que ele encontra em sua consciência interior.

Ele descobre que existe um Algo mental que é capaz de Desejar que o "Ego" aja segundo certas linhas criativas, e também é capaz de se colocar de lado e de simplesmente testemunhar a criação mental. Ele aprende a chamar essa parte de si mesmo de "Eu". Ele é capaz de descansar em sua consciência como Deseja. Ele encontra ali não a consciência de uma habilidade de gerar e criar ativamente, naquele sentido do processo gradual que acompanha as operações mentais, mas sim o senso e a consciência de projetar uma energia do "Eu" para o "Ego" – um processo de "desejar" que a criação mental comece e que a partir daí prossiga. Ele também descobre que esse "Eu" é capaz de ficar de lado e de testemunhar as operações da criação e da geração mentais realizadas pelo "Ego". Esse é o aspecto de dualidade que existe na mente de todas as pessoas. O "Eu" representa o Princípio Masculino do Gênero Mental – o "Ego" representa o Princípio Feminino. O "Eu" representa o Aspecto do Ser; o "Ego" exprime o Aspecto Daquilo que Virá. Você pode notar que o Princípio da Correspondência opera neste plano, da mesma forma que opera no grande plano da criação dos Universos. Os dois são semelhantes em tipo, embora sejam muito diferentes em grau. "Tudo o que está acima, também está abaixo; como tudo o que está abaixo, também está acima".

Esses aspectos da Mente – os Princípios Masculino e Feminino – o "Eu" e o "Ego" – em conexão com os fenômenos mentais e psíquicos bem estabelecidos, fornecem a chave mestra para compreender essas regiões vagamente conhecidas de operação e de manifestação mentais. O Princípio do Gênero Mental fornece a verdade que está subentendida em todo o campo dos fenômenos de influência mental, entre outros.

A tendência do Princípio Feminino é sempre no sentido de receber impressões, enquanto a tendência do Princípio Masculino é sempre na direção de dar, ou expressar. O Princípio Feminino opera num campo de ação muito mais variado que o Princípio Masculino. O Princípio Feminino preside o trabalho da geração de novos pensamentos, conceitos, ideias, incluindo até mesmo o trabalho da imaginação. O Princípio Masculino se contenta tão-somente com o trabalho da "Vontade", em suas diversas fases. No entanto, sem a ajuda ativa da Vontade do Princípio Masculino, o Princípio Feminino acaba por se contentar em gerar imagens mentais que são o resultado de impressões recebidas de fora, em vez de produzir criações mentais originais.

As pessoas capazes de prestar atenção contínua a um assunto empregam ativamente ambos os Princípios Mentais – o Feminino no trabalho da geração mental ativa, e a Vontade Masculina no estímulo e na energização da parte criativa da mente. A maioria das pessoas realmente emprega o Princípio Masculino, mas bem pouco, e se contenta em viver de acordo com os pensamentos e ideias inspirados em seu próprio "Ego" por meio da vontade do "Eu" de outras mentes. Mas não é nosso propósito nos alongarmos nesse assunto, que pode ser estudado com a ajuda de qualquer bom livro de psicologia, além da chave que demos a você sobre o Gênero Mental.

O estudante dos Fenômenos Psíquicos está ciente dos efeitos maravilhosos que foram classificados sob o título de Telepatia; Transferência do Pensamento; Influência Mental; Sugestão; Hipnotismo, entre outras denominações. Muitos buscaram uma explicação para essas várias fases dos fenômenos sob as teorias dos vários pesquisadores da "mente dual". Em certa medida, eles estão certos, pois há claramente uma manifestação de duas fases distintas da atividade mental. Contudo, se tais estudantes considerarem essas "mentes duplas" à luz dos Ensinamentos Herméticos sobre Vibrações e sobre o Gênero Mental, eles verão que a tão procurada chave está bem mais próxima de suas mãos.

Nos fenômenos da Telepatia, podemos perceber como a Energia Vibratória do Princípio Masculino de uma pessoa é projetada na direção do Princípio Feminino de outra pessoa; esta pessoa toma o pensamento embrionário daquela outra e permite que se desenvolva até a maturidade. A Sugestão e o Hipnotismo funcionam do mesmo modo. O Princípio Masculino da pessoa que dá as sugestões direciona uma carga de Energia Vibratória ou Força de Vontade para o Princípio Feminino da outra pessoa, que o aceita e torna-se submissa, agindo e pensando de acordo com a sugestão dada. Essa ideia se aloja na mente da outra pessoa, cresce e se desenvolve e, com o tempo, é considerada como criação mental legítima do indivíduo, ao passo que na realidade ela é como o ovo do pássaro cuco, que é colocado no ninho do pardal, onde ele é chocado e acaba destruindo a prole legítima, e ele permanece lá e se sente confortável e em casa. O processo normal é que os Princípios Masculino e Feminino na mente de uma pessoa se coordenem e ajam harmoniosamente em conjunto. Infelizmente, o Princípio Masculino, num ser humano comum, é muito preguiçoso para agir – a sua demonstração de Força de Vontade é muito branda – e a consequência é que essas pessoas são governadas quase inteiramente pela mente e vontade de terceiros, que adquirem a permissão de fazer o que pensam e o que desejam no lugar delas. Quão poucos pensamentos ou atitudes originais são executados por uma pessoa mediana? Quantas pessoas não passam de sombras e de ecos de outras vontades ou mentes mais fortes que elas? O problema é que o ser humano comum se fixa quase totalmente na sua consciência do "Ego" e não percebe que possui algo como a consciência do "Eu". Ele está polarizado no seu Princípio Feminino da Mente, e o Princípio Masculino, no qual está assentada a Vontade, pode permanecer inativo e não será empregado.

Os homens e as mulheres de fibra invariavelmente manifestam o Princípio Masculino da Vontade, e sua força depende materialmente desse fato. Em vez de viver de acordo com as impressões impostas em suas mentes pelos outros, eles dominam a própria mente por meio da Vontade, e obtêm as imagens mentais desejadas; além disso, dominam a mente dos outros da mesma maneira. Vejam as pessoas fortes, como elas conseguem implantar seus pensamentos embrionários na mente das massas, fazendo com que elas pensem de acordo com os seus desejos e vontades. É por isso que as massas são semelhantes a ovelhas: elas nunca dão origem a uma ideia própria, nem usam os seus poderes de atividade mental.

A manifestação do gênero mental pode ser percebida ao nosso redor na vida cotidiana. As pessoas magnéticas são aquelas capazes de usar o Princípio Masculino para infundir suas ideias nos outros. O ator que faz as pessoas chorarem segundo a sua vontade, está empregando esse princípio. E assim também o faz o orador, o estadista, o pregador, o escritor de sucesso ou outras pessoas que estão diante da atenção do público. A influência peculiar exercida por algumas pessoas sobre outras é devida à manifestação do Gênero Mental, ao longo das faixas Vibracionais acima indicadas. Neste Princípio reside o segredo do magnetismo pessoal, da influência pessoal, do fascínio, entre outros, bem como dos fenômenos geralmente reunidos sob o nome de Hipnotismo.

O aluno que se familiarizou com os fenômenos geralmente denominados de "psíquicos" terá descoberto o importante papel desempenhado em tais fenômenos pela força que a ciência chamou de "Sugestão", termo pelo qual se entende o processo ou o método de transferência, ou "impressão", de uma ideia na mente do outro, de modo que a segunda mente aja de acordo com a primeira. Uma compreensão correta da Sugestão é necessária para se entender de forma inteligente os diversos fenômenos psíquicos nos quais ela está subjacente. No entanto, para o estudante da Sugestão, é fundamental o conhecimento de Vibração e de Gênero

Mental. Todo o princípio de Sugestão depende do Princípio de Gênero Mental e de Vibração.

Os escritores e os mestres da Sugestão estão habituados a explicar que a mente "objetiva ou voluntária" cria a impressão mental, ou a sugestão, na mente "subjetiva ou involuntária". Mas não descrevem esse processo nem nos mostram qualquer analogia na natureza por meio da qual possamos compreender mais prontamente essa ideia. Por outro lado, se pensarmos no assunto à luz dos Ensinamentos Herméticos, seremos capazes de ver que a energização do Princípio Feminino por meio da Energia Vibratória do Princípio Masculino está de acordo com as leis universais da natureza, e que o mundo natural oferece inúmeras analogias pelas quais esse princípio pode ser compreendido. Na verdade, os Ensinamentos Herméticos mostram que a própria criação do Universo segue a mesma lei, e que, em todas as manifestações criativas, nos planos espiritual, mental e físico, sempre está em ação o Princípio de Gênero – essa manifestação dos Princípios Masculino e Feminino. "Tudo o que está acima, também está abaixo; como tudo o que está abaixo, também está acima." Mais do que isso, quando o Princípio de Gênero Mental é uma vez compreendido e assimilado, os variados fenômenos da psicologia tornam-se imediatamente passíveis de classificação e de estudo inteligentes, em vez de permanecerem no escuro. O princípio "funciona" na prática, porque se baseia nas leis universais e imutáveis da vida.

Não entraremos aqui numa extensa discussão ou descrição dos variados fenômenos de influência mental ou de atividade psíquica. Nos últimos anos, foram escritos e publicados diversos livros sobre o assunto, e muitos deles são bons. Os principais fatos declarados em tais livros estão corretos, embora seus autores tenham tentado explicar esses fenômenos por meio de teorias de sua preferência. O discípulo pode familiarizar-se com esses assuntos e, ao usar a teoria do Gênero Mental, ele será capaz de pôr ordem no caos de teorias e ensinamentos conflitantes, podendo, além disso, tornar-se prontamente um especialista do assunto, se estiver inclinado a isso. O objetivo deste trabalho não é explicar extensamente os fenômenos psíquicos, mas antes oferecer ao estudante uma chave mestra com a qual ele possa destrancar as muitas portas que conduzem ao Templo do Conhecimento, caso tenha o desejo de explorá-lo. Esperamos que nos ensinamentos de *O Caibalion* seja encontrada uma explicação para eliminar muitas dificuldades desconcertantes – uma chave que abrirá muitas portas.

Qual a finalidade de detalharmos todas as muitas características dos fenômenos psíquicos e da ciência mental, se não for para colocar ao alcance do estudante os meios pelos quais ele possa receber um elevado grau de instrução do assunto que lhe interessa? Com a ajuda de *O Caibalion*, pode-se passar por qualquer biblioteca oculta novamente, e a velha Luz do Egito iluminará muitas páginas escuras e assuntos ocultos. Esse é o propósito deste livro. Não viemos expor uma nova filosofia, nosso intuito é fornecer as linhas gerais de um grande preceito antigo que tornará claro os ensinamentos de outras correntes – e que servirá como um Grande Reconciliador das teorias e das doutrinas que são aparentemente opostas.

15

Axiomas Herméticos

*"A posse do Conhecimento, a menos
que esteja acompanhada por uma
manifestação e uma expressão da Ação, é
como o acúmulo de metais preciosos – é uma
coisa tola e vã. O Conhecimento, como a
Riqueza, é destinado ao Uso. A Lei do Uso
é Universal, e aquele que a viola sofre em
razão de seu conflito com as forças naturais."*

O CAIBALION

Os Ensinamentos Herméticos, embora tenham sido mantidos bem guardados na mente dos seus afortunados possuidores, por razões que já declaramos, nunca foram destinados a ser simplesmente armazenados e mantidos em segredo. A Lei do Uso é tratada nos Ensinamentos, como você pode ver pela citação acima de *O Caibalion*, que afirma isso vigorosamente. O Conhecimento sem Uso e sem Expressão é vão, não traz nenhum bem para seu possuidor ou para a raça. Tenha cuidado com a Avareza Mental e expresse por meio da Ação tudo o que aprendeu. Estude os Axiomas e os Aforismos, mas pratique-os também.

Vejamos a seguir comentários a alguns dos mais importantes Axiomas Herméticos de *O Caibalion*. Você deve comentá-los, praticá-los e usá--los, porque eles apenas serão realmente seus quando você os tiver aplicado.

"Para mudar seu humor ou estado mental – mude sua vibração." – O CAIBALION

Podemos mudar as vibrações mentais por um esforço da nossa Vontade, no sentido de fixar deliberadamente a Atenção em um estado mais desejável. A vontade direciona a atenção, e a atenção muda a vibração. Cultive a Arte da Atenção, por meio da Vontade, e você terá desvendado o segredo do Domínio dos Humores e dos Estados Mentais.

"Para destruir uma frequência indesejável de vibração mental, coloque em operação o Princípio da Polaridade e concentre-se no polo oposto àquele que você deseja suprimir. Elimine o indesejável, mudando a sua polaridade." – O CAIBALION

Esta é uma das Fórmulas Herméticas mais importantes. Ela se baseia em verdadeiros princípios científicos. Mostramos a você que um estado mental e o seu oposto eram somente os dois polos de uma mesma coisa e que, pela Transmutação Mental, a polaridade poderia ser invertida. Este princípio é conhecido pelos psicólogos modernos, que o aplicam para eliminar hábitos indesejáveis, aconselhando que seus alunos se concentrem na qualidade oposta. Se estiver com Medo, não perca tempo tentando "destruir" o Medo, em vez disso, cultive a Coragem, e o Medo automaticamente desaparecerá. Alguns escritores expressaram essa ideia de maneira mais convincente, usando a imagem do quarto escuro. Você não tem de remover ou retirar as Trevas; basta apenas abrir as venezianas e deixar a Luz entrar, e as Trevas desaparecerão instantaneamente. Para eliminar uma qualidade negativa, concentre-se no polo positivo dessa mesma qualidade, e as vibrações mudarão gradualmente de negativa para positiva, até que finalmente você se fixe no polo positivo, em vez de no negativo. O inverso também é verdadeiro, como muitos descobriram para sua tristeza, quando se permitiram vibrar muito constantemente no polo negativo das coisas. Ao mudar sua polaridade, você pode dominar seu humor, mudar seus estados mentais, refazer sua disposição de espírito e até edificar seu caráter. Muito do domínio mental do Hermetista avançado é devido à aplicação da polaridade, um dos aspectos mais importantes da

Transmutação Mental. Lembre-se do Axioma Hermético (citado anteriormente), que diz:

"A mente (assim como os metais e os elementos) pode ser transmutada de estado em estado, de grau em grau, de condição em condição, de polo em polo, de vibração em vibração." – O CAIBALION

O domínio da Polarização é o domínio dos princípios fundamentais da Transmutação Mental ou da Alquimia Mental, pois, a menos que o aluno conquiste a arte de mudar sua própria polaridade, ele será incapaz de afetar seu ambiente. A compreensão desse princípio permitirá a mudança de sua própria Polaridade, assim como a dos outros, apenas se ele dedicar o tempo, o cuidado, o estudo e a prática necessários para dominar a Arte. O princípio é verdadeiro, mas os resultados obtidos dependem da persistente paciência e prática do aluno.

"O ritmo pode ser neutralizado por uma aplicação da Arte da Polarização." – O CAIBALION

Como explicamos nos capítulos anteriores, os Hermetistas sustentam que o Princípio do Ritmo se manifesta no Plano Mental, bem como no Plano Físico, e que a sucessão desconcertante de humores, sentimentos, emoções e outros estados mentais se deve à oscilação do pêndulo mental, que nos leva de um extremo ao outro do sentimento. Os Hermetistas também ensinam que a Lei da Neutralização permite, em grande medida, superar a ação do Ritmo na consciência. Como explicamos, há um Plano Superior de Consciência, bem como o Plano Inferior comum, e o Mestre, ao elevar-se mentalmente ao Plano Superior faz o deslocamento do pêndulo mental se manifestar no Plano Inferior, e ele, fixado em seu Plano Superior, escapa da consciência de retorno do pêndulo. Isso é realizado por meio da polarização no Eu superior, que eleva as vibrações mentais do Ego acima das do plano comum de consciência. É como elevar-se acima de uma coisa e permitir que ela passe por baixo de você. O Hermetista avançado polariza-se no Polo Positivo do seu Ser – o polo do "Eu Sou", em vez de no polo da personalidade e, pela "recusa" e "negação" da ação do Ritmo, eleva-se acima de seu plano de consciência posicionando-se firmemente em sua Declaração de Ser, e assim o pêndulo oscila de volta ao Plano Inferior, sem alterar sua Polaridade. Essa manobra é realizada por quem alcançou certo grau de autodomínio, quer entenda ou não a Lei. Essas pessoas simplesmente "se recusam" a se deixar levar pelo pêndulo do humor e da emoção e, ao afirmarem firmemente a superioridade, permanecem fixadas no polo positivo. O Mestre, é claro, atinge um grau muito maior de proficiência, porque ele entende completamente a lei que ele está suplantando para fixação em uma Lei Superior e, pelo uso da sua Vontade, ele atinge um grau de equilíbrio e de firmeza mental quase impossível de se acreditar por parte dos que se deixam levar para a frente e para trás no pêndulo mental de estados de espírito e sentimentos.

Lembre-se sempre, entretanto, de que você realmente não destrói o Princípio do Ritmo, pois ele é indestrutível. Você simplesmente supera a Lei ao compensá-la com outra, mantendo, por esse meio, o equilíbrio. As leis de equilíbrio e contraequilíbrio estão em ação no plano mental e também nos planos físicos, e uma compreensão dessas leis permite que alguém pareça derrubá-las, quando, na verdade, o processo exercido é somente de contraequilíbrio das forças.

"Nada escapa ao Princípio de Causa e Efeito, mas existem muitos Planos de Causalidade. As leis do plano superior podem ser usadas para superar as leis do plano inferior" – O CAIBALION

Ao compreender a prática da Polarização, os hermetistas ascendem a um Plano Superior de Causalidade e, dessa maneira, compensam as leis dos Planos Inferiores de Causalidade. Elevando-se acima do plano das Causas comuns, eles se tornam "causas", em vez de serem meramente "coisas causadas". Por serem capazes de dominar seus próprios estados de espírito e sentimentos, e por serem capazes de neutralizar o Ritmo, como já explicamos, eles conseguem escapar de grande parte das ações de Causa e Efeito no plano comum. As massas se deixam conduzir e são obedientes às vontades e aos desejos dos mais fortes, aos efeitos das tendências herdadas, às sugestões dos outros, além de outras causas externas que tendem a movê-los no tabuleiro de xadrez da vida como simples peões. Elevando-se acima dessas causas influentes, os Hermetistas avançados buscam um plano superior de ação mental; dominando seus humores, emoções, impulsos e sentimentos, eles criam para si novas características, qualidades e poderes, pelos quais superam seu ambiente comum, e assim se tornam, com efeito, jogadores em vez de peões. Essas pessoas ajudam a jogar o jogo da vida com compreensão, em vez de serem movidas por influências, poderes ou vontades mais fortes. Elas usam o Princípio de Causa e Efeito em vez de serem usadas por ele. Certamente, até mesmo os seres mais elevados, estão sujeitos a esse Princípio, conforme se manifesta nos planos superiores a eles; no entanto, nos planos inferiores de atividade, eles são Mestres em vez de Escravos. Como diz *O Caibalion*:

"Os sábios servem nos planos superiores, mas governam nos planos inferiores. Eles obedecem às leis superiores, porém, em seu próprio plano, e nos planos abaixo deles, governam e dão ordens. Mesmo assim, ao fazê-lo, tomam parte do Princípio, em vez de se opor a ele. O homem sábio obedece à Lei e, ao compreender seus movimentos, opera por meio dela, em vez de ser seu escravo cego. Assim como o nadador hábil vira para um lado e para outro, indo e vindo conforme ele deseja, em vez de ser como o tronco, que é carregado a esmo – do mesmo modo é o homem sábio em comparação com o homem comum – de todo o modo, tanto o nadador como o tronco, tanto o homem sábio como o tolo, estão todos eles sujeitos à Lei. Aquele que apreende essa verdade está bem avançado no Caminho para a Maestria."

– O CAIBALION

Para concluir, atente novamente para o seguinte Axioma Hermético:

"A verdadeira Transmutação Hermética é uma Arte Mental." – O CAIBALION

No axioma anterior, os Hermetistas ensinam que o grande trabalho de influenciar o ambiente de uma pessoa é realizado por meio do Poder Mental. Do mesmo modo que o Universo é totalmente mental, ele pode ser governado apenas pelo uso do Mentalismo. Nessa verdade, deve ser encontrada uma explicação para todos os fenômenos e todas as manifestações dos vários poderes mentais que estão atraindo tanta atenção e tanto estudo nesses primeiros anos do século XX. Por trás e por baixo dos ensinamentos dos vários cultos e escolas, permanece sempre constante o princípio da Substância Mental do Universo. Se o Universo é mental em sua natureza substancial, a Transmutação Mental deve mudar as condições e os fenômenos do Universo. Se o Universo é Mental, então a mente deve ser o poder mais alto que existe para afetar os seus fenômenos. Se isso for compreendido e assimilado, todos os chamados "milagres" e "prodígios" serão vistos claramente como eles realmente são.

"O TODO É A MENTE. O Universo é Mental."
  – O CAIBALION

FINIS

Copyright desta edição © Ajna Editora, 2024.
Todos os direitos reservados.

Título original: The Kybalion
Publicado originalmente em 1908
por The Yogi Publication Society

EDITORES Lilian Dionysia e Giovani das Graças
TRADUÇÃO Jefferson Rosado
PREPARAÇÃO Lucimara Leal
REVISÃO Heloisa Spaulonsi Dionysia
PROJETO GRÁFICO E CAPA Tereza Bettinardi
IMAGEM DA CAPA Hermes Trismegisto (Adobe Stock)

2024
Todos os direitos desta edição
reservados à AJNA EDITORA LTDA.
ajnaeditora.com.br

Dados Internacionais de Catalogação na Publicação (CIP)
(Câmara Brasileira do Livro, SP, Brasil)

O Caibalion: um estudo da filosofia hermética do Egito Antigo
e da Grécia / Os Três Iniciados; tradução: Jefferson Rosado —
1. edição — São Paulo: Ajna Editora, 2024.

Título original: The Kybalion
ISBN 978-65-89732-39-6

1. Filosofia 2. Hermetismo 3. Mentalidade positiva
4. Ocultismo   I. Iniciados, Os Três.   II. Título

21-58651   CDD – 135.4

Índices para catálogo sistemático:
1. Filosofia hermética 135.4
Aline Graziela Benitez - CRB -1/3129

Primeira edição em brochura [2024]

Esta obra foi composta
em Chiswick Text e impressa
pela Rettec Artes Gráficas e Editora.